Fabian Oeßelmann – The Shades of Business

THE $HADES OF BUSINESS

#CASH LIVES MATTER#

Berufseinstiegshilfe auf deinem Ehrenweg in die Ausbildung & Arbeitswelt

#Lebenslauf
#Rechte & Pflichten als Azubi
#Anschreiben
#Schulpflicht
#Ausbildungsvertrag
#Agentur für Arbeit
#IHK
#HWK
#Cash
#Einstellungstest
#Berufsorientierung
#Jugend- & Arbeitsschutzgesetz
#Vorstellungsgespräch
#Fachkräftemangel
#Probezeit
#BIZ

Bibliografische Information der Deutschen Nationalbibliothek:
Die Deutsche Nationalbibliothek verzeichnet diese Publikation in der
Deutschen Nationalbibliografie; detaillierte bibliografische Daten sind im
Internet über http://dnb.dnb.de abrufbar.

© 2021 Fabian Oeßelmann
www.fabian-oesselmann.de

Memes, Comics & Cartoons
Harald Meyer
www.harryderzeichner.de

Covergestaltung
Nancy Riedel
www.nancy-riedel.de

Korrektorat: BoD – Books on Demand, Norderstedt
Herstellung und Verlag: BoD – Books on Demand, Norderstedt

ISBN: 978-3-7534-422-7

Dieses Buch widme ich meinem Sohn und allen anderen Kindern, Jugendlichen und Jungerwachsenen, die nicht bereit sind aufzugeben!

Liebe wird aus Mut gemacht & Karriere eben auch ...

Gender-Hinweis: Aus Gründen der besseren Lesbarkeit wird auf die gleichzeitige Verwendung der Sprachformen männlich, weiblich und divers (m/w/d) weitestgehend verzichtet. Sämtliche Personenbezeichnungen gelten gleichermaßen für alle Geschlechter, Chabos und Almans.

Inhaltsverzeichnis

Vorwort & Einleitung 10

Vorstellung der Schüler-Gang 14

Attention! Fachkräftemangel & War for Talents 15

Was willst Du machen? 17

Fantasy-Game 22

Der Lebenslauf und die Schubladen 28

Beispiel Anschreiben 32

Beispiel Lebenslauf 33

Eine Geschichte aus dem Trailerpark „Brain-Holiday with Brayden". 34

WILLKOMMEN im ersten Babo-Bootcamp – Streuverfahren 37

Die Bewerbung und der Bewerbungsverlauf 39

Bereit für das Babo-Bootcamp 2.0? – Das Vorstellungsgespräch 41

Der Einstellungstest/das Assessment Center 47

Babo-Bootcamp 3.0 Smartphone-Challenge Präsentationsstärke 49

Work Hard – Play Hard, but „Don´t fuck the Company" 52

Babos #-Bibliothek 55

    #Cash – wie viel Fuffies für den Club? 56

    #Fachkräftemangel 58

    #War for Talents 62

    #Berufsvorbereitende Bildungsmaßnahme (BVB) vs. 65

    #Berufsvorbereitungsjahr (BVJ) 65

    #Schulpflicht 67

#Businesslook 68

#Interviewphasen 70

#Mittlere Reife 72

#Aufstiegsfortbildung 73

#Meister-Bafög 76

#Allgemeines Gleichbehandlungsgesetz (AGG) 78

#GAP (Der Personaler im Zahnarztkittel) 81

#High Potentials 82

#Fachkräfte 83

#Demographischer Wandel 84

#Globalisierung 86

#Duale Ausbildung 87

#Outsourcing 88

#Ausbildungsvertrag 90

#Rechte und Pflichten während der Berufsausbildung 91

#(m/w/d) 93

#Berufsberater 94

#BIZ (Berufsinformationszentrum) 96

#Check-U 97

#AzubiWelt 97

#IHK (Industrie- und Handelskammer) 98

#HWK (Handwerkskammer) 99

#Jobportale 100

#Onboarding 101

#Kununu 102

#Gdb (Grad der Behinderung) 103

#Jugendarbeitsschutzgesetz 104

#Arbeitnehmermarkt 108

#Sonderleistung 111

Bilderrätsel 112

#Benefits 114

#Work-Life-Balance 115

#Probezeit 116

#Performance 117

#Innovativ 118

#Tracken 120

#High Performer / #Low Performer 122

#Personalentwicklung 124

#Ziele 126

#KPI (Key-Performance-Indicator) 129

#Brutto vs. Netto 130

Beispielrechnung Adam in der Ausbildung 132

Beispielrechnung Adam nach der Ausbildung 133

Wie kommt Adam über die Runden? 134

#Berufsausbildungsbeihilfe (BAB) 136

#End-to-End 137

#Prozess 138

#Home-Office 141

#Initiativbewerbung 144

#Ausbildungsrahmenplan 145

#Datenschutz 146

#Vorstrafe 148

#Projekt 150

#USP (Unique Selling Proposition) 152

#Gehaltsvergleich 153

#Schul- und freiwillige Praktika 154

#Betriebsrat 155

#Lebenslauf 157

#Anschreiben 159

#PDF (Portable Document Format) 161

#Buddy-Programm 161

#Landingpage 162

#Traffic 163

Präsi-Prüfung! 164

Babo <–> deutsch 166

Final Page 171

LIKE & Follow – if you like! 173

Internet-Quellenangabe 174

Bilderverzeichnis 183

#-Alphabet (Verzeichnis zur Schnellsuche) 184

VORWORT & EINLEITUNG

Merhaba, Witaj, Bog, Ciao, Salut & Hallo,

was los mit dir?

Keinen Bock mehr, die Schulbank zu drücken und dem schwafelnden Pauker da vorne am Pult, in seinen Birkenstocklatschen, den ganzen lieben langen Tag zuzuhören? Krass, wie ätzend das ist, ich erinnere mich auch noch gut und verstehe DICH!

Lass uns gemeinsam mal auschecken, wo der Schlüpfer klemmt, in der Hoffnung, dass deiner noch nicht allzu viele Spuren hat. Und falls doch, machen wir auch den wieder clean!

Eins stelle ich gleich klar: Ich bin kein Pauker, Doktor und schon gar kein Professor. Aber ich bin clever, und wahrscheinlich clever genug, um auch dir, hart aber fair, eine Starthilfe ins Business und nächste Level zu sein.

Da mich Lesen weitestgehend selbst abfuckt, darfst du dich auf eine spannende Niveaulimbo-Reise voller verbaler Entgleisungen und geistiger Ergüsse im #Hashtext-Style freuen. Genauso, wie du es eben auch von deinen Homies und der Gang kennst.

Ich habe dir dieses Buch daher so gestaltet, dass du es nicht wie gewohnt von vorne nach hinten lesen musst, sondern gezielt für tiefere Informationen zu den folgenden #Hashtags, je nach deinen individuellen Interessen & Bedürfnissen, springen kannst. Nimm dir daher gerne auf den Punkt gebracht mit, was du gerade brauchst! Springe also gleich in die #Hashtag-Bibliothek bzw. gehe gerne zu der Schnellsuche auf den letzten Seiten des Buches (#Alphabet). Anderweitig stoße erst später im Buchverlauf auf die Erklärungen, je nach deinen eigenen Bedürfnissen auf dem Weg in und während deiner Berufsausbildung!

Zunächst aber „Good News", aus dir kann auch ohne Studium was werden #Fachkräftemangel / #War for Talents.

Meine selbstgesetzte Challenge ist es, dir eine Anleitung und Hilfestellung zu geben, die Spaß macht und nicht abfuckt.

Level up your Brain, erweitere dein Mindset!

Lerne, worauf es ankommt, und verstehe, wie Companies ticken, verinnerliche den ersten Business-Slang und bereite dich mit mir #End-to-End auf die nächsten Steps vor!

Trau dich, Lurch oder Löwe?, & komm in die Babo-Bootcamps! Sei bereit für den Endgegner und das nächste Level.

Falls Sie als Elternteil oder Lehrbeauftragter mein Buch in den Händen halten, vergewissere ich Ihnen, dass Ihrem Sprössling bzw. Schutzbefohlenen keine nachhaltigen Schäden durch das Lesen entstehen werden.

Gerne stelle ich mich kurz vor und wir checken mal aus, wie ich dir etwas helfen kann.

Ich war Anfang des Millenniums wohl in einer ähnlichen Situation wie du jetzt, bedeutet, ich habe meinen Hauptschulabschluss gemacht und einen Ausbildungsplatz gesucht. Mittlerweile bin ich schon etwas erfahrener und chille, wenn überhaupt, nur noch auf Gammelfleischpartys ab. Ich wusste damals nicht, was ich machen will, und da ich noch keine 18 Jahre alt war, musste ich weiter zur Schule gehen #Berufsvorbereitungsjahr (BVJ) / #Berufsvorbereitende Bildungsmaßnahme (BvB) / #Schulpflicht.

Nach einem weiteren abgefuckten Jahr in der kaufmännischen Anstalt habe ich einen Ausbildungsplatz bekommen. Die Babos dort hatten mich doch tatsächlich eingestellt, obwohl ich mit kurzen

Hosen und komplett unvorbereitet zum Interview marschiert bin #Businesslook / #Interviewphasen.

Auch ein blindes Huhn findet mal ein Korn, also danke dafür nochmal, ihr Opfer!

Während der Ausbildung habe ich mir meinen Realschulabschluss anerkennen lassen.

Was du dazu brauchst, findest du unter dem #Mittlere Reife, aber vielleicht hast du diesen oder dein Abitur ja schon in der Tasche und startest besser als ich.

Nach vielen Jahren, in verschiedenen Companies, mit den verschiedensten Aufgaben, habe ich auch endlich gemerkt, was ich langfristig machen möchte, nämlich mit Menschen arbeiten.

„Mit Menschen arbeiten" – das ist so ein krasses Wort, vertiefen wir das mal. Ich wollte Menschen helfen und sie begleiten, aber wie macht man dies mit meinem damaligen Bildungsstand? Geht natürlich je nach Beruf, z.B. Pflegefachkraft oder sowas. Da ich aber nicht irgendwelche alten Säcke rumkarren wollte – ultrafetten Respekt an die von euch, die dies machen möchten –, sondern dies auf die Berufswelt auslegen wollte, musste ich wohl oder übel nochmal die Schulbank drücken #Aufstiegsfortbildung / #Meisterbafög.

Mittlerweile bin ich gestandener Personaler und habe ein langjähriges Brain in der Personalgewinnung und dem Business Coaching. Ich sitze also auf der anderen Seite des Tisches und höre mir täglich die Geschichten von Bewerbern an, stelle diese ein oder verabschiede die Alpha-Brains wieder mit einer netten Absage #Allgemeines Gleichbehandlungsgesetz (AGG).

Oft gibt es allerdings auch nur eine Stelle zu besetzen, und Entscheidungen können sehr knapp sein, von daher mache dich bitte auch nicht selbst verrückt. Das Passende wird auch für dich kommen.

Ich versuche, zu dir mal eine Funkverbindung aufzubauen, over?

Sieh in mir gerne dein Bro, Business-Baba oder auch Babo, als Unterstützer, Helfer und Tippgeber auf deinem eigenen Ehrenweg in die Arbeitswelt.

Sammle BBCs (Babo-Business-Credits) für deine Erfolge, löse das Bilder- und Kreuzworträtsel & werde zum Präsi!

Erklärungen findest du auch wie beschrieben in Babos #-Bibliothek (Business-Slang) ab Seite 55 und dem Übersetzer „Deutsch – Babo, <-> Babo – Deutsch" (Jugend-Slang) ab Seite 166.

Meine Storys werden durch eine Schüler-Gang begleitet und ich erzähle dir u.a. auch viel über wahre Begebenheiten und von meinen Erfahrungen. Verstehe nach und nach, wie die Welt da draußen sich verändert und worauf es im Business ankommt.

VORSTELLUNG DER SCHÜLER-GANG

ATTENTION! FACHKRÄFTEMANGEL & WAR FOR TALENTS

Kurz und knapp bedeutet dies nichts anderes, als dass es zunehmend immer mehr Nerds als uns gibt.

Wir sind die Macher, Schaffer und Anpacker, während die Anderen sich kluge Dinge ausdenken, die wir dann an der Front umsetzen. Ist o.k. so, jeder hat eben seine Aufgaben und macht das, was er am besten kann. Zusammen bilden wir einen funktionierenden Kreislauf.

O.k., der anhaltende #GAP an #Fachkräften und #High Potentials liegt nicht nur an den lauchigen Nerds, sondern auch an zurückgehenden Geburtenraten, dem #Demographischen Wandel und voranschreitender #Globalisierung.

Ich konzentriere mich jetzt aber lieber auf dich und vertiefe zum Anfang gezielt Themen, die dich vorerst beschäftigen dürften und wichtig sind.

Also, zu viele Streber bedeutet, dass es in der heutigen Zeit nach und nach immer mehr an studierten Arbeitnehmern gibt als Arbeiter mit der klassischen Berufsausbildung #Duale-Ausbildung. Zumindest im Vergleich zu früher. Viele wollen höher, schneller und weiter. Die, sagen wir, „klassischen Arbeiten" wie z.B. im Handwerk, in der Pflege, IT, Hotellerie oder öffentlichen Verwaltung werden dadurch immer mehr verteilt, bleiben öfter länger liegen oder werden anderweitig vergeben #Outsourcing.

Die Companies suchen also dringend Mitarbeiter wie dich. Du kannst also aufatmen und musst jetzt nur noch den richtigen Job für dich finden oder weißt du vielleicht sogar schon, was du willst oder welche Richtung es werden könnte?

Egal an welchem Punkt du gerade stehst, das A und O ist es am Ende, dass du bei dem, was du tust, Spaß hast, zumindest weitestgehend. So richtig hart chillen kannst du eben erst wieder ab 67 Jahren in der Rente oder du machst eben einen auf Hartzer oder gewinnst beim Zocken. Die Wunsch-Hartzer unter euch können das Buch an dieser Stelle dann wieder weglegen, schön, dass ihr es bis hier geschafft habt, ich sehe euch dann gegebenenfalls auf RTL II.

So, der Rest von euch sollte jetzt gut aufpassen, damit am Ende auch ein #Ausbildungsvertrag hängen bleibt und ihr nicht, wie ich, ein Jahr weiter in der Schule rumhängen müsst.

Der Ausbildungsvertrag regelt übrigens unter anderem auch deine #Rechte und Pflichten während der Berufsausbildung.

Spar dir lieber die Zusatzrunde im Berufsvorbereitungsjahr bzw. die berufsvorbereitende Bildungsmaßnahe und bereite dich JETZT gezielt mit mir vor.

@Hasan: Du solltest mit deinen 18 Jahren besonders gut aufpassen, dein „FUCKDOWN-TIMER" tickt aktuell schon lauter, oder Bro?

Oder pennst du dann lieber in deiner Proletenkarre, wirst nie selbstständig und wohnst mit 30 noch bei Anne und Baba?

WAS WILLST DU MACHEN?

Du liest noch weiter? Perfekt Junge! Bzw. Mädchen! Oder auch Divers! #(m/w/d).

Dann lass uns schauen, was dir helfen könnte. An erster Stelle, und falls noch nicht ausreichend geschehen, nicht verzagen, Eltern fragen. Diese sind zu Teilen doch manchmal ganz nützlich und kennen dich wohl zumindest ein bisschen und hätten vielleicht doch eine Idee, was dir liegen könnte.

In welchen Fächern hast du gute Noten, was macht dir Spaß bzw. kannst du besonders gut? Falls du jetzt sofort an Schminken und Scheiße labern denkst, wie wäre es mit Kosmetikerin oder Politiker?

Überlegt doch mal gemeinsam mit deinen Homies, was ihr jeweils gut könnt, wo eure Stärken oder auch Schwächen liegen. Wie seht ihr euch gegenseitig? Solche Talks können dir oft wirklich coole Erkenntnisse bringen, o.k. gut, vielleicht auch einen Freund weniger, je nach Einschätzung.

Durch ein Praktikum oder Praktika hast du voraussichtlich auch schon etwas Arbeitsluft abbekommen und diese war hoffentlich eher erfrischend statt schädlich für dich.

Es gibt die unterschiedlichsten Formen bzw. Möglichkeiten, eine Ausbildungsstelle oder später ein festes Anstellungsverhältnis zu finden. Suche dir am besten eine Ausbildung bzw. einen Job, in dem du dich selbst verwirklichen kannst. Mach nicht einfach nur einen Job wegen dem Cash, auch wenn es reizt. Mach deinen Beruf zur Berufung!

Falls du noch keine wirkliche Idee haben solltest, was du machen möchtest, gibt es auch sogenannte #Berufsberater, bei mir sind die damals an die Schule gekommen, bei dir auch? Falls nicht, oder du

Vogel hast es verpennt, findest du diese unter anderem auch bei der Agentur für Arbeit in deinem Block #Biz (Berufsinformationszentrum). Die sind schon in Ordnung und checken mit dir, was dir liegen könnte, und geben dir Tipps. Also trau dich bitte, dort deine Fragen zu stellen, die beißen nicht!

Ich würde dir auch zu einem Test – nee, ohne Noten – raten. Dieser filtert deine Interessen, dein Wissen und schlägt dir danach gezielt passende Berufe vor: #Check-U oder auch als APP #AzubiWelt.

Schon mal was von #Ausbildungsrahmenplänen gehört? Die Berater dort können dir Einblicke in den jeweiligen Beruf geben. Die #IHK, kaufmännische/technische Berufe, und #HWK, handwerkliche Berufe, helfen dir auch gerne. Surf doch mal über die Homepages, dort gibt es u.a. ein Berufsverzeichnis, Ausbildungsrahmenpläne und eine Lehrstellenbörse. Übrigens legst du dort am Ende deiner Ausbildung deine Prüfung ab.

Du willst ja nicht immer ArschZUBI bleiben und vielleicht sogar selbst irgendwann zum Babo werden.

Dezent boring, der Ämter-, Kammern- und Behördenfuck, aber auch hieran musst du dich nun nach und nach gewöhnen. Mehr dazu und was du am Ende alles so brauchst, damit auch dein Cash vom Arbeitgeber auf deinem Konto landet, findest du unter dem #Onboarding.

Neben der klassischen Stellenausschreibung, die Firmen auf den unterschiedlichsten #Jobportalen, im Print (z.B. Zeitungen), online (z.B. Internetbörsen) oder auch bei Social Media (z.B. Facebook, Instagram, TikTok & Co.) platzieren, findest du deinen passenden Job auch über Ausbildungs- und Karrieremessen, Vermittlung über Dienstleistungsunternehmen oder die Agentur für Arbeit.

Eventuell wirst du auch auf speziellen beruflichen Netzwerken, z.B. Xing oder LinkedIn, direkt von Arbeitgebern oder Headhuntern angesprochen. Hast du dort schon einen Account?

Vielleicht hast du auch schon mal was von #Kununu gehört? Nee Alter, ist kein Dorf im Kongo! Check den Hashtag auf dem Weg zu deinem Wunschunternehmen.

Wichtig ist auch, dass du dich mit der Company und was die so treiben, identifizieren kannst.

Beispiel: Der Getreidekauer unter euch sollte vielleicht nicht auf dem Schlachthof arbeiten, genauso wenig wie der dauerfurzende Bläher mit seiner Laktoseintoleranz nichts in milchverarbeitenden Produktionsstätten verloren hat.

Die Muschis (m/w/d), die beim Blutabnehmen schon aus den Latschen kippen, sollten auch nicht ... O.k., ich denke, du hast es begriffen!

Es sind auch nicht alle kerngesund, bedenke daher bitte auch deine eventuellen „Wehwehchen". Vielleicht hast du auch ein bestätigtes Handicap und einen #Grad der Behinderung (Gdb)? Mach das, was du körperlich bzw. seelisch leisten kannst – und das in angemessenem Umfang!

Für Brudis u18 gilt im Übrigen ein gesondertes #Jugendarbeitsschutzgesetz, also lass dich nicht rasieren und geh nicht lost.

Aber nun zurück zur Stellensuche.

Die Companies haben es also in den weitesten Teilen gecheckt, dass sich die Marktsituation verändert hat #Arbeitnehmermarkt. 2020 sind übrigens rund 60.000 Azubi-Stellen deutschlandweit nicht besetzt worden! Dies spielt dir sowas von in die Karten!

Das heißt nicht, dass du deine Birne jetzt ausmachen kannst, du aber bessere Chancen hast, bei deinem Wunscharbeitgeber zu landen.

Sei es wegen dem netten Babo vor Ort, dem besseren #Cash, #Sonderleistung, #Benefits, #Work-Life-Balance oder der #Home-Office Möglichkeiten im Wunschunternehmen.

Klingt cremig, oder? Ist aber kein Grund, jetzt gleich auszurasten, wallah. Den Job hast du erst, wenn die Tinte auf dem Vertrag getrocknet ist und auch danach gilt es, die #Probezeit zu überstehen und weiter die Arschbacken zusammenzukneifen und die #Performance #innovativ aufrechtzuerhalten.

Sei nicht so naiv und glaube, dass du nun für immer safe bist. Die Babos werden dich und deine Entwicklung immer beobachten, deine Performance und dein Verhalten #tracken und dich weiter auf den Prüfstand stellen #High- oder Low-Performer.

Du fragst dich, was diese „Überwachungsgülle" soll? Dient unter anderem auch dir, um dein Vorankommen schwarz auf weiß zu sehen, zum Beispiel Stärken und Schwächen aufzuzeigen und dich weiterzuentwickeln #Personalentwicklung.

Vielleicht bekommst du irgendwann sogar #Ziele und musst #KPIs erfüllen.

Apropos Ziele? Wie wäre es mit dem erfolgreichen Abschluss deiner Ausbildung und das damit verbundene Durchlaufen des Ausbildungsrahmenplans inklusive der Ablegung deiner erfolgreichen Prüfung?

Streng dich einfach an, sei straight, schau über den Tellerrand und geh nicht lost! Du wechselst nun bald das bestehende System, vom

Schul- in das Ausbildungssystem. Du wirst also von der ersten Pflicht in die nächste geleitet. Überall gibt es Regeln und Vorstellungen, wie man sich im jeweiligen Level verhalten, anpassen und integrieren soll.

Dies ist der Lauf der Dinge und wir wollen ja weitergehen, dazulernen und tolle Aufgaben haben. Dies kann aber auch anstrengend sein, ständig biegt jemand an einem rum. Mach dies, mache das usw. Da kann einem schon auch mal die Lust vergehen, von daher ist es umso wichtiger, dass du das Richtige für dich findest. Mit dem Richtigen meine ich den Job, der dich wirklich glücklich macht, in dem du dich langfristig siehst und den du nicht nur wegen dem Cash machst.

Gar nicht so einfach, hierzu sofort eine Antwort zu finden, stress dich nicht, dies ist für die Meisten ganz normal. Erforsche deine Berufswünsche in aller Ruhe und finde anschließend heraus, was im Business-System gefordert ist, damit du dort auch ankommen kannst.

Schon gewusst? In Deutschland wird laut eines Berichts der Arbeitsagentur jeder vierte neu abgeschlossene Ausbildungsvertrag vorzeitig aufgelöst. In Zahlen sind das jährlich rund 150.000 Stück. Den Bachelorstudierenden geht es allerdings genauso, hier bricht fast ein Drittel der Schüler das begonnene Studium wieder ab.

Mich wundert dies nicht, ich selbst habe mich ja etliche Male verändert. Meine Ausbildung hatte ich zwar durchgezogen, arbeitete danach aber auch nur wenige Jahre im gelernten Ursprungsberuf.

Du schreibst jetzt quasi das nächste Kapitel in deinem eigenen Buch des Lebens! Sortiere deine Gedanken, Wünsche und Ziele daher so genau, wie es geht.

Boah krass, voll viel Theorie grad, ich penn beim Schreiben schon fast weg.

Lass uns mal eine Pause machen und ein Game zocken.

FANTASY-GAME

Es geht allein, mit deinen Eltern oder auch einem Homie zusammen. Mach es das erste Mal vielleicht besser allein, damit du richtig Ruhe hast. Anderweitig stellst du, deine Eltern oder dein Bro euch gegenseitig die Fragen.

Nicht die ganze Zeit im Wechsel, es fragt immer einer und der Andere sitzt auf dem Stuhl bzw. ist am Metermaß.

Wenn das komplette Game durch ist, wechselt ihr dann erst ab.

Hol dir ein Metermaß und zwei Stühle.

Bereit? Nice, dann hier die Regeln:

Tür zu, Mugge und Handy aus. Sorge dafür, dass dich wirklich niemand stört und du richtig runterchillen kannst. Auch der lustige Kasper in dir hat jetzt eine Pause.

Nimm dir die 2 Stühle, stelle diese sich gegenüber und setze dich auf einen davon.

Wenn du allein sein solltest, lese dir jetzt das komplette Game durch und versuche dir möglichst viel zu merken, damit du nicht ständig die nächsten Schritte nachlesen musst.

Falls ihr zu zweit seid, bleibt einer stehen oder setzt sich aufs Bett oder sonst wohin. NICHT auf den zweiten Stuhl, dieser bleibt leer!

Nachdem ersten vollständigen Durchlesen oder wenn ihr zu zweit seid, kann es hier losgehen:

Mach die Augen zu und entspann dich! In deinem Brain stellst du dir jetzt vor, dass ich auf dem anderen Stuhl sitze.

Spürst du schon was und bekommst vielleicht sogar Hummeltitten? Falls nicht, mach die Augen zu und chille noch weiter runter.

Wenn du so weit bist und merkst, es verändert sich etwas, fangen wir an.

Also, da sitzen wir nun zusammen, was glaubst du, denke ich von dir?

Beantworte dir meine Fragen bitte selbst, du kannst natürlich auch etwas darüber nachdenken, falls du nicht gleich eine Antwort parat hast. Lass dir Zeit, wenn du sie hast, machen wir weiter.

Du hast eine Antwort? Sehr gut!

Nun, die nächste Frage: Warum glaubst du, dass ich das von dir denke?

Bist du zufrieden, wie ich dich sehe, oder was könntest du machen, damit wir noch dickere Homies werden?

Denke hierbei doch daran, dass ich will, dass du eine Ausbildung findest und ich nicht so richtig schnell zufriedenzustellen bin.

O.k. great, du hast eine Idee, was du tun könntest, damit wir beide zufrieden sind. Und wie setzt du das nun um?

Kannst du das allein, brauchst du vielleicht Hilfe? Was oder wer könnte dir dabei helfen? Ist das realistisch? Falls nicht, was wäre realistisch?

Wie stellst du es am besten an, dass du diese Hilfe bekommst? Du weißt es noch nicht? Dann versuche Folgendes:

Nimm dir ein Metermaß und klappe es komplett aus und lege es auf den Boden. Die Null ist der Start, 2 Meter ist das Ende.

Stelle dich an die Null. Gehe nun so lange langsam vorwärts, bis es sich gut anfühlt, und bleibe dann stehen.

Bei welcher Länge stehst du gerade? Bist du schon bereit, hier zu stehen, oder brauchst du noch etwas, damit du hier wirklich sicher stehen kannst?

Wenn du sicher sein solltest, bleibe stehen.

Wenn nicht, gehe etwas zurück und frage dich, wie du es schaffst, auf die nächste Länge zu kommen, und was du dafür brauchst.

Wie du dies am besten anstellst und wer dir dabei vielleicht helfen kann. Wie bekommst du diese Hilfe? Brauchst du noch was?

Du kannst dies so lange immer wieder machen, bis du am Ende des Metermaßes angekommen bist.

Deine Erkenntnisse auf dem Weg ist das Ziel, während eines Durchlaufs musst du nicht am Ende des Metermaßes ankommen.

Dies ist sogar unwahrscheinlich.

Ich hoffe du konntest dir einige Fragen beantworten und weißt nun was du zu tun hast!

Du weißt es?

Großartig, dann setze dich nun wieder auf den Stuhl, gerne auch auf meinen und fühle nochmal in dich.

Frag dich bitte, wie ich dich jetzt sehe, schaue dabei auf den leeren Stuhl oder mache die Augen zu.

Und ... hast du die Antwort?

Wenn mein Game funktioniert hat, könnte es gerade etwas spooky und dein Kopf bisschen gefickt sein.

Falls nicht, auch nicht dramatisch. Schön, dass du es versucht hast, vielleicht klappt es ein anderes Mal!

Wir sind dann fertig hier, ich bin stolz auf dich.

Du kannst dieses Game übrigens bei fast allen Fragen machen, um deinen Weg zu finden oder eine Entscheidung zu treffen.

(Pro Durchlauf 100 BBC)

DER LEBENSLAUF UND DIE SCHUBLADEN

Weiter geht's, du bewirbst dich jetzt also und musst daher einen #Lebenslauf erstellen.

Ich empfehle dir, auch wenn es einige Companies nicht immer brauchen, auch ein Anschreiben zu formulieren.

Gerade auf deinem Weg in die Berufsausbildung dürfte dein Lebenslauf noch nicht allzu vollgepackt sein. Von daher überzeuge doch zusätzlich in deinem Anschreiben.

Ein Beispiel findest du auf den nächsten Seiten oder auch genügend andere unter der im #Anschreiben aufgeführten QR-Code-Verlinkung. Achte bitte darauf, in deinem Lebenslauf verständliche tabellarische Punkte aufzuführen und kein unübersichtliches Chaos zu verbreiten.

Schon gewusst? Ein Personaler braucht ca. 4 Sekunden, um zu entscheiden, ob er Bewerbungsunterlagen näher anschaut oder gleich eine Absage erteilt. Sei also gerne etwas kreativ und versuche dich kurz, ABER ganz gezielt für das Unternehmen deiner Wahl interessant zu machen. Dies kannst du mit besonderen Interessen, Noten, Praktika, Vereinen, sozialem Engagement oder auch Hobbys usw. darstellen.

@Kevin: Dein Dickpic wäre zwar ein Eyecatcher, aber auch an dieser Stelle krass fehlplaziert.

Mittlerweile hat sich auch in Deutschland der amerikanische Lebenslauf etabliert. Heißt, es wird nach einem antichronologischen Vorgehen erstellt. Was ein schwu... ähm ich meine vielleicht etwas ungewohntes Wort. Ich erkläre es anders: Du schreibst an erster Stelle deine aktuelle Beschäftigung bzw. Schule hin und alles, was du davor gemacht hast, führst du dann unter diesem Punkt auf.

Normal war früher chronologisch, also andersrum, aber was ist in der heutigen Zeit noch normal?! „Mit der Zeit gehen" wird von dir mit heranwachsendem Alter erwartet oder gefällt dir die andere Variante vielleicht sogar auch besser?

Nochmal zurück zum Eyecatcher, @Adam und @Esra, glaubt an alles, was euch glücklich macht, ihr seid die Söhne, Töchter und Schöpfer eurer eigenen Epoche! Allerdings macht der in einigen sehr konservativen Köpfen noch immer verankerte Bullshit manch einem von euch das Leben nicht einfacher.

@Esra, trage deinen Hidschab, @Adam, du dein Kruzifix mit Stolz an das, was ihr glaubt, aber ihr wisst auch, dass damit nicht jeder umgehen kann.

Versucht in solchen Situationen bitte so gut damit umzugehen, wie es eben geht. Macht es wie Allah, Gott, Brahma oder welchen Namen er auch sonst tragen mag, stehe darüber.

Fazit, ein Pic als Eyecatcher in die Bewerbung einzufügen, ist kein Muss, persönlich würde ich es aber immer machen. Ob ihr euch hier in eurem Partyfummel, mit Talibanbart, Blechpickel oder Halstattoo präsentiert, muss jeder für sich selbst entscheiden.

Liebt euch bitte so, wie ihr seid, und bleibt euch selbst treu! Denkt daran, ihr verlasst jetzt eure gewohnte Hood.

Wollt ihr den Job nicht, weil der Babo in der benefitsvollgepackten Wunschcompany vielleicht doch anders denkt oder aussieht?

Think about it and read between the lines!

Schau dir die Beispiele an und erstelle jetzt dein eigenes Board.

Schriftart: Arial oder Calibri, Schriftgröße 12, als PDF formatieren – wie dies geht, checkst du unter dem #PDF (S. 161).

Weitere 70 Vorlagen & Tipps findest du wie angesprochen auch unter #Anschreiben (S. 159) und der QR-Code-Verlinkung.

BEISPIEL ANSCHREIBEN

Vorname / Nachname
Straße und Hausnummer / PLZ und Wohnort / Telefonnummer / E-Mailadresse

Company-Adresse z.B.
Firmierung/Company Name XY
Z.Hd. Herr/Frau XY oder Personalabteilung
Straßenname
PLZ und Ort

Datum: Tag, Monat, Jahr

Bewerbung um einen Ausbildungsplatz als XY

Sehr geehrte Damen und Herren, (oder direkter Ansprechpartner: Herr/Frau XY)

bei meiner Recherche nach einem Ausbildungsplatz bin ich auf Ihre Stellenausschreibung und Ihr Unternehmen aufmerksam geworden.

Derzeit besuche ich die XY Schule und werde meinen XY Abschluss am Datum erfolgreich abschließen. Die Berufsausbildung zum XY reizt mich sehr und ich konnte bereits durch ein Praktikum bei der Firma XY die Aufgaben näher kennenlernen und mich beweisen.

Die Tätigkeiten während meines Praktikums haben mir sehr viel Spaß bereitet, sodass mich dies nochmals darin bestärkt hat, den Beruf erlernen zu wollen. Ich würde mich sehr freuen in Ihrem Unternehmen meine Berufsausbildung absolvieren zu dürfen und Sie tatkräftig zu unterstützen.

Pünktlichkeit, teamorientiertes Verhalten und der freundliche Umgang mit Kunden, Kollegen und Vorgesetzten sind für mich selbstverständlich.

Ich bringe die Lernbereitschaft und den festen Willen mit, Sie von mir und dem bisher Gelernten zu überzeugen.

Über eine Chance mich zunächst in einem persönlichen Gespräch, oder gerne auch in einem kürzeren Praktikum, zu beweisen, würde ich mich sehr freuen.

Mit freundlichen Grüßen

Unterschrift

Vorname/Name

BEISPIEL LEBENSLAUF

Lebenslauf

ÜBER MICH

- Name, Vorname:
- Geboren am:
- Geboren in:
- Familienstand:
- Staatsangehörigkeit:
- Hobbies:

KONTAKT

- Adresse:
- Mobil:
- E-Mail:

WEITERE KENNTNISSE

Sprachen
- Deutsch:
- Englisch:

EDV
- MS Word/Excel:
- Internet/E-Mail:

BERUFLICHE TÄTIGKEITEN

Monat/Jahr – **Nebenjob als XY**
dato Unternehmensname und Ort

- Ausgeübte Tätigkeit 1
- Ausgeübte Tätigkeit 2
- Ausgeübte Tätigkeit 3
- Ausgeübte Tätigkeit 4

Monat/Jahr – **Praktikum als XY**
dato Unternehmensname und Ort

- Ausgeübte Tätigkeit 1
- Ausgeübte Tätigkeit 2
- Ausgeübte Tätigkeit 3
- Ausgeübte Tätigkeit 4

SCHULE

Monat/Jahr – z.B. **Berufsvorbereitungsjahr**
dato Schule XY, Ort

Monat/Jahr – z.B. **Realschule (ohne Abschluss)**
Monat/Jahr Schule XY, Ort

Monat/Jahr – z.B. **Hauptschule (mit Abschluss)**
Monat/Jahr Schule XY, Ort

Monat/Jahr – z.B. **Grundschule**
Monat/Jahr Schule XY, Ort

EINE GESCHICHTE AUS DEM TRAILERPARK „BRAIN-HOLIDAY WITH BRAYDEN"

Hach ja, der liebe Brayden, irgendwie hat mich der coole Checker ja schon etwas inspiriert. Vielleicht bekommst du mein Buch ja auch mal zwischen deine Finger, dieses Kapitel widme ich als Dankeschön auf jeden Fall dir, Bro!

Zum Thema: Brayden ist mir, sagen wir, kürzlich über die Füße gestolpert. Wenn ich ihn anfänglich in eine Schublade stecken müsste, stände auf dieser wohl die Kategorie „White Trash".

Also, Brayden alias Super-Brain gehört zu meinen Paradebeispielen zum bereits im Vorwort erwähnten Thema „Den Schlüpfer von den Spuren cleanen". Brayden hatte gerade seinen Schulabschluss in der Tasche und suchte daher einen Ausbildungsplatz, was er machen wollte, wusste er schon durch verschiedene #Schul- und freiwillige Praktika. Seine Noten sind tendenziell unterirdisch und er hatte auch fleißig die ein oder andere #Vorstrafe im Katalog gesammelt, in meinen Augen nichts Dramatisches, aber auch nichts zum Rumproleten.

Er ist ein recht offener Typ, ist bemüht und anpassungsfähig. Die Anpassungsfähigkeit und den Mut, sich schnell zu integrieren, hatte er, denke ich, von seiner Mom in die Wiege gelegt bekommen oder eben aus dem Erfahrungstopf der letzten Jahre gelöffelt.

Das Schulhopping hat er wohl seiner Mom zu verdanken, die es sich scheinbar als Ziel gesetzt hatte, sich eine Zeitlang quer durch die Nation zu vögeln.

Da ich zu diesem Zeitpunkt selbst wenige #Projekte am Start hatte und wegen der bekackten Coronapandemie die Tage gezählt habe, gab es nichts gegen eine neue Challenge einzuwenden.

Er zeigte mir also seinen Lebenslauf und Zeugnisse von den gefühlten 20 Schulen, die er im Laufe seiner schulischen Karriereleiter bisher gesammelt hatte. Hängengeblieben ist er natürlich auch zweimal, hatte allerdings kein Cash für den Führerschein und musste diesen daher hintenanstellen.

Da zogen sie also lustig hin und her, seine Mom duracellte sich durch die Schlafzimmer ihrer Stecher und er bekam noch ein Geschwisterlein in sein Jugendzimmer gepackt.

Am Ende landete er dann doch tatsächlich unter meinen Fittichen.

Nach dem einen oder anderen Gespräch mit ihm hatte ich ihn dann motiviert, seine Bewerbungsunterlagen aufzuhübschen, das empfohlene Streuverfahren anzuwenden und den Verlauf eines Vorstellungsgesprächs mit mir zu üben. Er beherzigte meine Tipps und erhielt nach einem kurzen Praktikum, in dem er sich bewiesen hatte, die Zusage und seinen Ausbildungsvertrag.

Man merkt, dass er eine Riesenfreude an der Arbeit hat, auch wenn er täglich ätzend früh aus der Kiste muss und abends brutal im Sack ist.

Er hat es in meinen Augen gecheckt!

WILLKOMMEN IM ERSTEN BABO-BOOTCAMP – STREUVERFAHREN

Streuverfahren, erhöhe deinen #Traffic! – Schluss mit lustig, jetzt geht's los!

Kollega, mit Streuverfahren meine ich nicht, den Samen auf dem Feld oder sonst wo zu verteilen und auf das heranreifende Gemüse zu warten, aber man könnte es als artverwandte Form betrachten.

Einfaches Motto, je mehr du streust, desto größer ist die Wahrscheinlichkeit der Ernte. In unserem Bezug meine ich die Streuung deiner Bewerbungen, is klar, ne?! Schreibst du eine oder schreibst du fünfzig? Eben hast du´s gecheckt, du Fuchs bzw. Füchsin oder doch divers, ach egal „du Mensch".

Genau, die Wahrscheinlichkeit, mehr Vorstellungsgespräche zu bekommen, daraus zu lernen, sicherer zu werden oder am besten die Einstellung einzutüten, erhöht sich verständlicherweise mit der Menge deiner Bewerbungen.

Mein Tipp an dich hier: Schreib lieber ein paar mehr Bewerbungen und warte nicht einzelne Rückmeldungen ab. Deine Wunsch-Company darfst du gedanklich natürlich priorisieren, aber sei hier nicht zu gechillt.

Jetzt hast du dir echt Mühe gegeben, gescheite Unterlagen zu erstellen, also spread it to the world oder eben Region oder deinem Block.

„Spread to the world", du nix verstehen? Kein Stress, Digga, ich kann auch kaum Englisch. Wollte dir nur nachhaltig klarmachen, dass du jetzt an der Reihe bist – Companies checken, Stellenausschreibungen checken und bewerben. Auch schon mal an die #Initiativbewerbung gedacht?

Führe eine Liste und behalte den Überblick über deine Bewerbungen: Wann (Datum), wo (Company), wie ist der Stand (offen, Vorstellungsgespräch, Zweitgespräch oder Absage).

Davor wäre es allerdings hilfreich, auch schon etwas über den Tellerrand zu schauen. Check ab, in welchem Umkreis du überhaupt arbeiten kannst und willst. Wie viel Zeit from your Castle bis zur Arbeitsstelle kannst und willst du investieren und wie zum Teufel kommst du am besten hin? Bist du ein Roller-Gangster, fährst du mit den Övis, hast du schon eine Karre oder würde dich vielleicht immer noch Mama zur Arbeit fahren? Falls Letzteres, dann steig aber doch bitte um die Ecke der Company aus oder werde endlich etwas selbstständiger!

Ach so, und für die Alpha-Brains unter euch, ändert doch bitte vor jeder Bewerbung zumindest das Datum, den Ansprechpartner und die Adresse der Company.

Ein angepasstes Anschreiben bezugnehmend auf die gesuchten Skills der Stellenausschreibung wäre ein Plus.

Babo-Bootcamp – Ende. (Pro Bewerbung notiere dir 10 BBC.)

So Freunde, so viel zur Vorbereitung, dann wisch die Tränchen jetzt weg and Action!

DIE BEWERBUNG UND DER BEWERBUNGSVERLAUF

Der Bewerbungsverlauf ist bei jeder Company etwas anders und hierauf musst du dich individuell einstellen. Manche Firmen akzeptieren nur elektronische Bewerbungen per Mail oder bei größeren Companies über das Karriere-Portal. Gerade wegen der Gesetzesänderung im #Datenschutz wird die Bewerbung über die jeweilige Karriere-Homepage oft fokussiert.

Tu dir bitte selbst einen Gefallen und halte dich an den jeweiligen gewünschten #Prozess!

Unvorbereitete, stotternde und daher rülpsende Anrufe bei der Firma solltest du dir auch sparen, diese nerven einfach nur dein Gegenüber am Telefon. Geht, denke, nicht nur mir so?! In Ausnahmen kannst du auch mal anrufen, aber sortiere dich vorher und stelle dir vielleicht selbst die Frage, wie wichtig dein Anliegen im Vorfeld überhaupt ist oder ob es nicht doch ausreicht, dieses während des Vorstellungsgesprächs zu klären. Dein Engagement, hier eventuell unter den Bewerbern herauszustechen und Interesse zu zeigen, in allen Ehren, dies kann aber auch nach hinten losgehen. Der Personaler braucht als Erstes immer deine Bewerbungsunterlagen.

Fazit, sei kein Dämlack: Bitte spar dir beispielsweise Anrufe, um zu fragen, ob die ausgeschriebene Stelle noch frei ist, weil du vielleicht zu faul bist, dich über das Karriere-Portal anzumelden, und stattdessen eine E-Mail-Adresse willst oder um am besten das Cash im Vorfeld abzuchecken. Die Wahrscheinlichkeit, dass dich dein Gegenüber am Telefon gleich zum Vorstellungsgespräch einlädt oder dir am besten den Arbeitsvertrag sofort zusendet, weil du so eine nette Stimme hast, geht gegen null.

Halte dich an den Workflow und sei kein Crasher, „Amk".

Bewirb dich also vorher und höre gerne nach ca. vier bis fünf Wochen telefonisch nach. Zeige hier dann dein großes Interesse und erkundige dich nach dem aktuellen Bewerbungsprozess, solltest du in der Zwischenzeit noch keine zielführende Antwort erhalten haben. Manche Companies brauchen bzw. nehmen sich hier gerne etwas Zeit, von daher übe dich bitte etwas in Geduld und nutze die Zeit sinnvoll für das Schreiben von weiteren Bewerbungen.

Apropos Workflow, größere Companies haben oft eine sogenannte #Landingpage oder Karriere-Seite. Hier erfährst du unter anderem auch oft Einzelheiten zu dem gewünschten Bewerbungsprozess, bekommst Einblicke in das Unternehmen und erfährst zu Teilen auch, was du dort finanziell an Sonderleistungen, Benefits und Work-Life-Balance erwarten kannst.

Ausnahmen bestätigen die Regeln, so könnte der Bewerbungsprozess aussehen:

- Du bewirbst dich
- Eingangsbestätigung kommt
- Telefoninterview
- Persönliches Erstgespräch und eventuell Zweit- oder sogar Drittgespräch
- Einstellungstest / Assessment Center / Bewerbertag / Praktikum / Probearbeitstag
- Angebot / Arbeitsvertrag oder Absage
- Onboarding

BEREIT FÜR DAS BABO-BOOTCAMP 2.0? – DAS VORSTELLUNGSGESPRÄCH

Das Vorstellungsgespräch, Zweit- und vielleicht Drittgespräch:

Gleich vorweg an die Bitches unter euch, Arschkriechen und Schwanzlutschen im Vorstellungsgespräch (VG) liegt, zumindest und wie mir bekannt ist, nicht an der Tagesordnung. Sei smart, eloquent und überzeuge geistreich, swag on! Also übe lieber und reib dir die Knie nicht wund.

@Hasan, deine Goldkette oder @Chantal, dein bauchfreies Titten-Shirt könnt ihr hier zuhause lassen. Auch @Kevin alias Dirty Sanchez oder @Adam mit sonstigem Flaum im Face, RASIERT EUCH BITTE oder lebt den Vollbart als Pelzlümmel-Lifestyle!

Ach und @Syndi „Mashallah", no Front und nice, dass du zu einer so selbstbewussten Frau heranwächst, aber eine Leggins mit Cameltoe muss bei einem VG auch nicht sein.

Du hast es noch nicht verinnerlicht? Rücke vor auf #Businesslook, betrete nicht das Company-Gelände und ziehe keinen Arbeitsvertrag ans Land.

Wie du es richtig machst!

Erkundige dich im Vorfeld noch einmal, wann du wie fahren musst, um pünktlich zu sein. Bitte auch nicht zu früh dort aufschlagen, ca. 5-10 Minuten reichen, außer du musst vielleicht auf ein großes Industriegelände. Hier plane bitte ca. 30 Minuten vor dem eigentlichen Gespräch ein, teilweise muss man einen kleinen Test machen, bevor man auf das Gelände darf. Deine Ansprechpartner werden dich in der Gesprächseinladung in der Regel darauf hinweisen.

Je nach Bauchgefühl plane auch einen Angstschiss für unterwegs oder vor deiner Anmeldung in der Company ein.

An ein Deo könntest du auch noch denken, falls du deine Bluse vor dem Gespräch schon durchgeschwitzt hast.

Mach dein Handy aus, JA, aus!

Achte auf den Augenkontakt, wasch dir deine Wichsgriffel und sorge für einen angemessenen Händedruck, sollte ein Handshake erwünscht sein.

Nimm einen Block mit, lege ihn auf den Tisch und mache dir zu den wichtigen Punkten Notizen. Das zeigt, dass du etwas vorbereitet bist und Interesse hast!

Glotz nicht dumm in der Gegend rum, sondern sieh deinem oder deinen Ansprechpartner(n) in die Augen. Beziehe alle Teilnehmer mit ein, schaue nach ihnen, auch wenn du gerade mit einem anderen sprichst.

Verfolge im Gespräch die Reaktionen deiner Ansprechpartner auf das von dir Gesagte in deren Mimik (Gesichtszüge) und Gestik (Körpersprache), soweit du dies eben lesen kannst. Fällt dir vielleicht eine ablehnende Reaktion auf?

Verbessere dich, rück das Gesagte in eine positive Richtung, bring dein Gegenüber zum Lächeln oder achte auf Bestätigung von ihnen.

Achte auf deinen Slang, Digga! Bitte kein Ghetto-Gangster-Darkside-Aggro-Gelaber im Vorstellungsgespräch. Du darfst gerne auch humorvoll sein, lächle und mache ggf. einen Spaß. Wenn, dann aber bitte geistreich. Die Babos haben vielleicht einen anderen Humor als du!

Bereite dich lieber sehr gut als nur gut vor.

Checke dazu die Homepage der Company, z.B. zu den Themen: Unternehmen – wer wir sind (Philosophie, Kerngeschäft, Ziele, #USP), wie viele Mitarbeiter, Standorte und welche Produktvielfalt oder Dienstleistungen gibt es? Pimp your Brain!

Ja, du magst aufgeregt sein, damit rechnet aber jeder gute Personaler und sieht dies wohl auch cool.

Schenk dir bitte die Nervositätskippe kurz vor dem Gespräch oder willst du den neuen Babo gleich zustinken, er könnte ja selbst Nichtraucher sein. Oder er denkt, dass du wegen deiner Sucht ständig und über dem üblichen Maß in der Raucherecke abchillst. Also hübsch machen, Zähne putzen und wenn, dann dezentes Parfum auflegen.

Für die Ladys unter euch: Stellt das Volume der Schminkpistole bitte nicht auf Huren-Make-Up, sondern versucht es mit einer dünneren Mischung aus dem Farbtopf und mehr Persönlichkeit.

Typischer Ablauf: Company stellt sich vor, du stellst dich vor, Fragerunde.

Typische Fragen an künftige Azubis:

- Welche sind deine Lieblingsfächer in der Schule?
- Worin bist du besonders gut, was macht dir Spaß und woran merkst du das?
- Wie verstehst du dich mit dem Lehrer und deinen Mitschülern?
- Warum willst du eine Ausbildung machen und nicht weiter zur Schule gehen?
- Macht dir die Schule Spaß?
- Fragen rund um den Ausbildungsberuf, was weißt du darüber und warum interessiert er dich?

Wenn du an der Reihe bist, stelle gezielte und kluge Fragen, bereite diese vor und lass dich nicht kalt erwischen.

Beispiele:

Falsch

Haben Sie Fragen? NEIN = nicht gut, zeugt nicht sehr von Interesse an der Company!

Haben Sie Fragen? JA, wie sind die Arbeitszeiten und wie viel Geld bekomm ich? = Als Erstes nur die Arbeitszeit im Kopf? Noch nicht angefangen und schon wieder heimgehen wollen? Nicht sehr clever.

Das Gehalt spricht immer der Personaler an, wenn er es für nötig hält! Wird im Erstgespräch oft allerdings noch gar nicht zum Thema.

Richtig

Haben Sie Fragen?

- Ja, ich habe mich im Vorfeld etwas erkundigt, stimmt es, dass XY?

- Ja, wie sehen meine ersten Tage im Unternehmen aus? Gibt es vielleicht ein #Buddy-Programm?

- Ja, wie groß ist das Team, in dem ich zunächst ausgebildet/eingesetzt werde?

- Ja, wie viele Auszubildende gibt es denn in Ihrem Unternehmen?

- Ja, in welchen Blöcken und an welcher Berufsschule findet der Unterricht statt?

Abschlussfrage, falls noch nicht erläutert = Wie ist der weitere Bewerbungsprozess, wann höre ich von Ihnen?

Zweit- oder Drittgespräch

Erstmal ein dickes Lob an dich, wenn es so weit ist, ist echt de luxe. Hier geht's nun ans Eingemachte, die Hard Facts, das Monetäre, das Cash!

Aber jetzt ganz ruhig bleiben, es kann sein, dass hier neue Ansprechpartner dabei sind und du deine Selbstvorstellung noch einmal machen musst. Mache dies ohne Murren und wie beim ersten Mal, es ist egal, wenn die anwesenden Ansprechpartner vom ersten Gespräch das nochmal hören!

Sei ruhig, sei smart, sei interessiert, sei eloquent und stelle Fragen.

Oft wird im zweiten Gespräch auch noch einmal tiefer nachgebohrt, also gilt es auch hier, sich nicht nur auf die Gehaltsverhandlung vorzubereiten, sondern auch weiterhin darauf gefasst zu sein, hinterfragt zu werden. Beschäftige dich tiefer mit deinen eigenen Fragen und gehe gedanklich auch nochmal das Erstgespräch durch. Warst du im Erstgespräch immer sicher oder könnte dich der Babo dahingehend doch nochmal aufs Eis locken? Pass auf, dass der Boden unter deinen Füßen nicht bricht!

Bei einem guten Gesprächsverlauf werden am Ende der Starttermin, das Cash und alle weiteren Hard Facts besprochen.

UND jetzt Brothers and Sisters, übt das beschriebene mit euren Eltern, der Gang oder vor dem Spiegel! Klingt scheiße und du hast vielleicht keinen Bock? Springe über deinen Schatten und **mach es trotzdem! (Pro Übungsdurchlauf 100 BBC)**

Ich wünsche dir viel Erfolg! Glaube an dich und flash dich selbst und die Anderen bei der Umsetzung deines neuen Wissens!

DER EINSTELLUNGSTEST/DAS ASSESSMENT CENTER

Musst du wirklich ... jetzt noch ein Test? Sei nicht abgefuckt, das ist tight, so weit schafft es nicht jeder!

Es gibt in diesem Bezug die verschiedensten Formen und Möglichkeiten der Ausgestaltung, von daher ist eine Vorbereitung nicht immer einfach, aber machbar. Manche sind online, manche vor Ort und rate mal – manchmal musst du durch beides durch. Dies aber eigentlich nur bei echt krassen Konzernen und auch nicht bei allen in der Regel.

Erschreck nicht und hab keine Angst davor, Respekt unbedingt, aber mach dich auch nicht selbst verrückt!

Getestet könnte werden:

Fachkenntnisse des gewünschten Berufsbildes, Sprachkenntnisse & Rechtschreibung, Allgemeinbildung, Konzentration & Aufmerksamkeit, Analytik & Logik, Teamverhalten, Präsentationsfähigkeit und je nach Beruf vielleicht sogar deine Fitness.

Ein Klassiker ist die Postkorbübung und das Nachstellen einer berufstypischen Situation. Natürlich prüft man hier auch das Level der jeweilig zu besetzenden Position, also bekomm keinen Dünnschiss, falls du im www auf Dinge stößt, die dir das Face entgleisen lassen! Bei einer Postkorbübung bekommst du z.B. einen gesund gefüllten E-Mail-Eingang vorgelegt und musst die Mails innerhalb einer Zeitvorgabe sichten und nach Priorität sortieren und abarbeiten. Die Babos wollen dich damit bewusst etwas stressen und sehen, ob du in der Lage bist, auch unter Zeitdruck richtig zu priorisieren und wichtige Entscheidungen zu treffen.

Bevor du anfängst, löse dich von dem Gedanken, dass du alle Aufgaben im Zeitrahmen schaffen musst.

Dann fängst du an und stellst dir folgende Fragen:

Was ist wichtig und dringend, was kannst du später machen, was davon könnte ein anderer machen und was ist unwichtig und kann ggf. abgelegt oder sogar in die Tonne gekickt werden?

Ein perfektes Ergebnis ist meist gar nicht möglich, aber man möchte hier von dir sehen, wie du an die Aufgabe herangehst, ob du dich stressen lässt oder halbwegs cool bleibst.

Wie begründest du am Ende deinen Weg und die damit getroffenen Entscheidungen?

Es sind nicht immer ausgebildete Psycho-Heinis am Start, aber die meisten Personaler und Führungskräfte verfügen über Zusatzausbildungen, langjährige Erfahrung mit Mitarbeitern und sehen genau, ob du dich verstellst und nur eine Show ablieferst.

Sei einfach du selbst und echt, aber bitte dein Business-Selbst, hab Spaß und gib dir Mühe.

Du hast vielleicht nicht so das größte Selbstvertrauen und stehst eher ungern im Rampenlicht? Hier bist du nicht alleine, denn das geht sehr vielen so und ist auch normal.

Da hilft mal wieder nur üben, üben, üben! Zeige, was du drauf hast, ich glaub an dich.

BABO-BOOTCAMP 3.0 SMARTPHONE-CHALLENGE PRÄSENTATIONSSTÄRKE

Als Tipp, auch für dein Vorstellungsgespräch anwendbar, schnapp dir dein Smartphone, suche dir ein Thema aus, dass dir liegt, oder trage deinen eigenen Lebenslauf vor und nimm dich dabei auf.

Klar, ist krass komisch, allein nur seine eigene Stimme auf Band zu hören, kennst du wahrscheinlich schon, aber mach mal einen Clip und schau dir an, wie du dich gibst. „Ähm ähm ähm", achte auf deine Aussprache, deine Gestik und Mimik, zieh es dir rein, finde die eigenen Fehler, übe sicherer und souveräner zu werden.

Du bist nervös?

Halte dich an einem Stift fest, ja Digga, nimm einfach mal einen Kuli in die Hand dabei. So manch ein Stift hat eine magische Wirkung und lässt dich sicherer werden. Fuchtel mit dem Ding aber nicht rum und male dich bitte auch nicht selbst an, @Kevin! Nimm einfach einen in deine Hand, halte ihn fest, trage deine Story vor und lege ihn von mir aus auch ab und an gerne einfach wieder weg.

Kannst dir die Babos auch nackt vorstellen, wenn dir das hilft, ist manchmal aber auch abschreckend und könnte dich aus dem Konzept bringen.

Setz dich an einen Tisch, auf die andere Seite stellst du 2-3 Gegenstände hin, diese sind jetzt deine Gesprächspartner. Jetzt übe nochmal und achte im Clip darauf, ob du alle in deine Story einbindest oder nur auf die dicken Melonen oder stramme Banane schaust.

Feier eine Orgie, die Früchte sind alle reif, jetzt liegt es an dir, sie zu vernaschen und keine verdorren zu lassen.

Du hast geübt?

Sehr gut, ich hoffe, du fühlst dich jetzt sicherer!
(Pro Übungsdurchlauf 150 BBC)

Die Ersteinweisung hast du hiermit gemeistert, Bro!

Wenn du insgesamt 1000 BBCs gesammelt hast, ernenne ich dich hiermit zum **Bronze-Präsi.**

Beispielrechnung 25 Bewerbungen á 10 BBC = 250

3 x Durchläufe Fantasy-Game á 100 BBC = 300

3 x Durchläufe Smartphone-Challenge á 150 BBC = 450

Bescheiße dich nicht selbst und trage den Titel mit Ehren!

Bin stolz auf dich und hoffe, du bist noch nicht satt, bleib jetzt straight und geh weiter mit mir den Weg zum **Vize-Präsi.**

WORK HARD – PLAY HARD, BUT „DON´T FUCK THE COMPANY"

Man scheißt nicht dort, wo man isst.

Ich möchte ein Abseilen jetzt nicht wirklich mit dem Akt des lustvollen Liebesspiels vergleichen, aber wenn ihr eure pubertären Hormone nicht in den Griff bekommt, geht lieber heimlich aufs Company-Scheißhaus, um euch einen zu keulen bzw. eben das Böhnchen zu rubbeln.

Ja, an die Hormonochsen unter euch, auch die Chicks machen das zu Teilen oder glaubst du vielleicht auch, die pissen sich beim Duschen nicht auf die eigenen Füße?

Du kennst doch Stille Post alias Buschfunk, ist das Gleiche in Grün im Business, heißt nur Flurfunk. ACHTUNG, der Flurfunk kann eine bösartige und karrierevernichtende Drecksbitch sein, also kack dir nicht ins eigene Nest. Was glaubst du, wie es ist, wenn alle wissen, dass Kevin und Chantal gevögelt haben? Schwups bist du zurück im Kindergarten und alle zerreißen sich das Maul über euch.

Abgesehen davon, dass euch die lieben Kollegen eure Unzucht ewig hintragen werden. Stell dir jetzt mal noch vor, wie ihr euch bzw. Kevin und Chantal ggf. nach dem Sauftrag „Weihnachtsfeier" das künftige Zusammenarbeiten so vorstellt.

Vergiss den schönen Traum von 1000 und einer Nacht, Ausnahmen mag es zwar geben, die Regel ist es aber bestimmt nicht und wird mit höchster Wahrscheinlichkeit ziemlich cringe und zu viel Trouble führen.

Falls sich der animalische Lustmolch (m/w/d) in dir von der Kette reißen sollte, denkt an die Social Distance zu euren Feuchtgebieten und haltet zu diesen auch mind. 1,5 Meter Corona-Abstand. Die Pandemie hat als Brainbrücke hier vielleicht doch was Gutes, also macht kein Heckmeck!

Ich nehme an, du hast auch keinen Bock auf Shitstorm. Gib acht, wer dich wie und wo fotografiert. Auch uncoole Bilder landen oft im Netz und Social-Media-Kanälen, dies könnte vielleicht peinlich werden! So manch ein Vorgesetzter und auch Personaler surfen gerne mal durch das Netz und schauen, wer sich dort wie und wo selbst darstellt.

Der ein oder andere wurde schon wegen zu offensichtlicher Bilder der Saufgelage oder auch zu heftigen Bitchpics abgelehnt bzw. zu einem Mitarbeitergespräch gebeten!

Der Ursprung des Satzes „Don´t / Never fuck the Company" bezieht sich zwar auf eine Beziehung auf der Arbeit, kommt meines Erachtens allerdings auf ein ähnliches Ergebnis.

Fazit, du startest jetzt in die Company-Welt, die Arbeit wird nicht immer chillig sein, sorge für deinen persönlichen Ausgleich und gehe gerne auch mal hart feiern.

Aber Obacht, der Babo rechnet damit, dass du auch nach der Orgie wieder fit am Start bist -> Keine Macht den Drogen!

Thug Life!

BABOS #-BIBLIOTHEK

#Cash – wie viel Fuffies für den Club?

Na, schon ein Lusttröpfchen in den Schlüpfer geseicht?

Nun ist es endlich so weit, let´s talk about Ca$h, die Gehaltsverhandlung!

Kleiner Dämpfer vorab, als Azubi gibt es da noch nichts groß zu verhandeln und dein Cash in der Ausbildungszeit ist meist nach Bundesland, Branche und/oder dem Tarifverbund/-vertrag fest geregelt. Verboten, hier zu verhandeln, ist es nicht und manchmal legt eine Company auch freiwillig was drauf für dich, also falls du die Cojones hast und mit dem Babo dort gambeln willst, have fun.

Aber Attention! Dabei ist Fingerspitzengefühl gefragt!

Dies bedeutet, dass es schon genügend Bewerber gab, die sich zuletzt wegen zu hohen Pokerns bei den Gehaltsvorstellungen selbst aus dem Rennen geschossen haben. Also erkundige dich bitte vorab nach dem üblichen Gehaltsgefüge, bevor du dich um Kopf und Kragen laberst und es daran scheitern sollte.

Weiter erhöht sich dein Cash immer pro Lehrjahr und du bekommst jetzt sogar Money, während du in der Berufsschule abchillst.

Ein paar Einblicke möchte ich dir aber gerne geben, damit du eine Richtung hast. Checke dazu am besten den #Gehaltsvergleich, dort sind recht viele Ausbildungsberufe nach Lehrjahr tabellarisch dargestellt. Die Mindestvergütung im ersten Lehrjahr wurde, just for Info, im Jahr 2021 auf 550,00 € angehoben. Weiter solltest du die Karriere-Pages deiner Wunschunternehmen scannen, hier sind die Ausbildungsvergütungen auch oft aufgeführt.

Wenn der Finanzschlüpfer arg kneifen sollte, kannst du auch eine #Berufsausbildungsbeihilfe (BAB) unter bestimmten Voraussetzungen beantragen.

Du verdienst jetzt also bald dein eigenes Cash. Wenn es um die Kohle geht, häufen sich neben den neuen menschlichen Freunden auch verschiedene Ämter und Behörden an deiner Seite an, die alle ein Stück von deinem hart erarbeiteten Profit abschnorren wollen.

Wer dir hier alles so in die Tasche greift, checke bitte detailliert unter dem #Brutto vs. Netto.

#Fachkräftemangel

Wenn man den Mangel zurückverfolgt, fängt dieser in Abgrenzung der Geburtenrate also schon bei der dualen Ausbildung an.

Ein Beispiel, im Jahr 10/2018–09/2019 wurde der Agentur für Arbeit 572.000 Ausbildungsstellen gemeldet, darauf bewarben sich rund 512.000 Suchende. Richtig, das ergibt schon einen GAP von 60.000 Bewerbern.

Laut eines Berichts der Bundesregierung von 08/2019 waren zu diesem Zeitpunkt etwa 207.200 Ausbildungsstellen noch unbesetzt und 133.700 Bewerber auf der Suche.

Weiter gab es im Abschlussjahr 2019, all in, rund 800.000 Schulabsolventen/-abgänger. Eingeschlossen sind hier aber auch die Schüler, die auf eine weiterführende Schule gewechselt sind, um einen zusätzlichen Abschluss zu erwerben.

Etwas widersprüchlich finde ich persönlich allerdings die Zahlen der komplett unversorgten Bewerber, diese lagen nämlich Stand 09/2019 bei 24.500 Köpfen.

„Finde den Fehler", @Esra, du bist doch ein schlaues Köpfchen, woran könnte dies liegen? Richtig, es gibt wohl verschiedene Gründe, zum einen die Schüler, die weiterführende Schulen theoretisch besuchen würden, aber es nicht können.

Der regionale Arbeitsmarkt und zum anderen auch die, die gerne einen Ausbildungsplatz finden würden und am Ende keinen bekommen, oder eben auch die, die gar nicht wissen, wie sie sich gezielt vorbereiten sollen oder eben keinen Bock haben.

Meine Erfahrungen sagen mir, dass viele von euch einfach viel zu spät auf die Arbeitswelt vorbereitet sind oder ihr Brain noch nicht genug sortiert haben.

Mama Merkel hat dies u.a. auch schon erkannt und es sind neben dem Bundesministerium für Bildung und Forschung (BMBF) und dem Bundesinstitut für Berufsbildung (BIBB) einige weitere Ämter und Kammern seit langem am Werk, um euch bereits in der Schule frühzeitig abzuholen.

Ausbildungsstellen gibt es mit jährlich ansteigender Anzahl ja scheinbar, und natürlich auch ohne den regionalen Arbeitsmarkt und die beliebtesten Ausbildungsberufe aus dem Blick zu verlieren, im Überfluss. Sollte dies bei dir der Fall sein und der Stellenmarkt gesättigt sein, prüfe doch bitte einmal für dich selbst, welche Möglichkeiten dir sonst noch geboten werden.

Krass finde ich es, dass laut Statista seit knapp 10 Jahren deutschlandweit immer noch jedes Jahr rund 50.000 Schüler die Schule verlassen, ohne zumindest einen Hauptschulabschluss abgeschlossen zu haben. Hand aufs Herz, Leute, was macht ihr denn?

Ich war früher ja echt auch eine faule Sau in der Schule und habe wenig bis gar nicht gelernt, aber einen Hauptschulabschluss nicht zu bekommen, war für mich zumindest absolut keine Option.

Ohne jetzt einen Mega-Brain im heutigen Schulsystem zu haben, war ich allerdings doch der Annahme, dass die Abschlusserreichung mit der Zeit sogar einfacherer geworden ist, oder wie kommt die Noteninflation sonst so zustande?

Ist der Unterricht tatsächlich so viel besser geworden?

Sind die Hochschul-High-Potentials vielleicht doch am Ende eher vom „Noseboarden" auf der „Snowline" high?

Falls du dich hier gerade angesprochen fühlen solltest, möchte ich dir an dieser Stelle mal wieder einen Spiegel vor die Nase halten und dich etwas provozieren. Ich meine dies wirklich nicht böse, aber warum muss man dir denn alles hintragen, du willst doch einen Job, oder? Ist es denn wirklich so schwer geworden, sich ab und an ein paar Stündchen hinzusetzen und sich um seine eigene Zukunft zu bemühen, ernsthaft???

Vielleicht hast du das Sprichwort schon einmal gehört? „Von nichts kommt nichts." Ohne Leistung kein Abschluss, kein Job und auch kein Cash!

Können dir deine Eltern auf deinem Bewerbungsweg wirklich gezielt helfen? Ich schätze, der Anteil wird immer kleiner, selbst wenn sie dies gerne wollten, fehlt es wohl in vielen Familien an aktuellen Kenntnissen dafür. Nimm bitte die Hilfe, die dir zumindest umsonst geboten wird, an.

Fazit, auch wenn es den Mangel gibt, du ggf. zu spät vorbereitet bist, die Companies Mitarbeiter brauchen, aber auch nicht ohne Eigenbemühungen einfach einstellen, und am Ende die Gehälter zu Teilen unterirdisch sind, wird dir dein Ziel gelingen, wenn du dir dafür genug Zeit nimmst und du Schritt für Schritt vorgehst.

#War for Talents

Im Wörtchen „War" steht es ja bestens beschrieben, ist etwas rar, steigt zugleich die Gier bei manch einem und der Krieg beginnt.

Zu Teilen wohl reiner Selbsterhaltungstrieb der Companies, schließlich hat keine Lust, die Türen wegen fehlenden Mitarbeitern abzuschließen, obwohl die Aufträge laufen.

Das Gute im Schlechten ist es bei den „Talents" zumindest, dass man sich gegenseitig nicht massakriert. Vorschläge von klugen Köpfen gibt es bereits genug, wie man dem entgegensteuern könnte, am Ende hapert es zu großen Teilen an der Umsetzung und warum genau? @Esra, wegen dem Cash und der Gier.

Lass uns zum Thema „War" einmal abschweifen, meine Gedanken zu dem Thema sind: Hass erzeugt Hass.

Dies begegnete uns bereits in etlichen geführten Kriegen um die unterschiedlichsten Dinge und schon seitdem es Menschen gibt. Die wichtige Frage, die ich in den Raum stellen möchte, ist: Wie kommt man hier heraus, anstatt den Hass ständig neu zu beleben?

Mein Rat wäre, falls du dich vielleicht in solch einer Situation befinden solltest, darüber zu reden und zu versuchen zu reflektieren. Wo kommt der Hass her, was wünschen sich denn eigentlich alle Menschen? Was braucht es, um trotz der Unterschiede miteinander auszukommen?

Richtig, mehr Respekt für die Unterschiede, vielleicht auch einfach etwas Mut und Offenheit für ein gegenseitiges Entgegenkommen.

Glücklich zu leben und Spaß zu haben, macht doch einfach mehr Sinn.

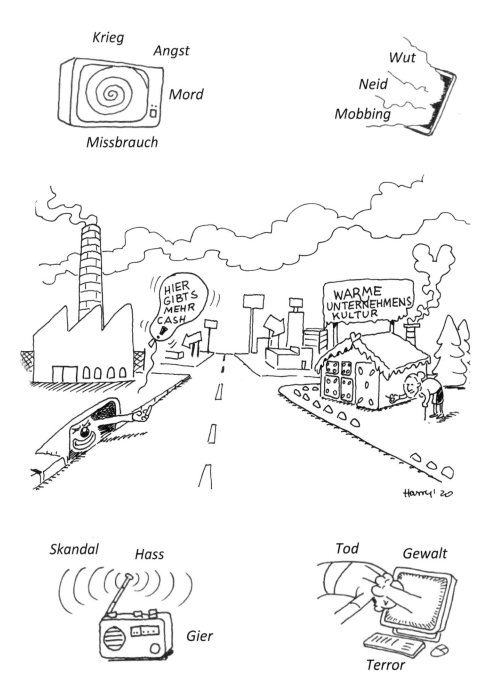

Es ist wahrlich nicht einfach, sich abzugrenzen, gerade wenn man den ganzen Tag mit solchen Themen bestrahlt wird und man selbst vielleicht schon Hass erfahren musste. Ein Patentrezept zum Glücklichsein kann ich dir nicht geben, außer den Rat, zu versuchen die Dinge zu hinterfragen und dir deinen eigenen Weg positiv zu gestalten.

Wo man in den verschiedensten Kulturen hinschaut, hört man immer irgendwo etwas von Ehre bzw. dem Ehrgefühl, dem ehrenwerten Weg oder auch Handeln. Das „Wie" unterscheidet sich in Details, was macht also einen ehrenwerten Menschen aus? „Ego"ismus, Gier, Hass, Gewalt und Unterdrückung? Oder vielleicht doch eher als Beispiele: gegenseitige Unterstützung, Gerechtigkeit und Gleichbehandlung.

Ich selbst bin jetzt wahrlich auch nicht als Greta Thunberg auf die Welt gekommen und musste mit den Jahren einiges checken. Von daher, denke gerne etwas darüber nach, falls es dir vielleicht ähnlich gehen sollte, und verliere nicht deine wahren Ziele und all das Schöne, das dir am Herzen liegt, aus den Augen.

Dies war dann mein Beitrag im Schönheitswettbewerb, in diesem Sinne „Save the World peace"!

#Berufsvorbereitende Bildungsmaßnahme (BVB) vs. #Berufsvorbereitungsjahr (BVJ)

Die BvB steht für dich also an, wenn du die Schulpflicht mit oder ohne Abschluss erfüllt hast und noch keinen Ausbildungsplatz gefunden bzw. diesen verloren hast.
Die Berufsvorbereitende Bildungsmaßnahme dauert in der Regel 10 Monate, kann aber auch bis 18 Monate verlängert werden und führt dich während dieser Zeit durch verschiedene Praktika und Unterrichtseinheiten. Ziel, und wie es der Name der Maßnahme auch sagt, ist, dich optimal auf den Beruf vorzubereiten.

Für diejenigen, die u18 sind und ihre Schulpflicht noch nicht erfüllt haben, steht das Berufsvorbereitungsjahr an. In Brandenburg schimpft sich dieses Berufsgrundbildungsjahr (BGJ). Dies ist ein schulischer Bildungsgang, der dir u.a. Orientierung in den verschiedenen Berufsgruppen vermittelt und dich zu einer verbesserten Ausbildungsreife führen soll.

Nach der einjährigen Teilnahme am Berufsvorbereitungsjahr erfüllst du automatisch deine Schulpflicht, auch wenn du den Abschluss dort verkacken solltest. Die Alpha-Kevins, die bescheuert genug waren, die Schule ohne Abschluss abzubrechen, können ihren Hauptschulabschluss auch dort erfolgreich ablegen.

Lieber etwas später als nie, ich wünsche dir viel Erfolg!

Versuche, wie von mir beschrieben, vorher Fuß zu fassen und verschwende wegen eventueller Bequemlichkeit keine Zeit. Checke, ob dein Berufswunsch mit deiner Schulbildung Hand in Hand geht, und falls nicht, treffe die abgeleiteten Maßnahmen. Heißt, bewirb dich fleißig, mache ggf. deine Mittlere Reife, Abitur oder Studium bzw. orientiere dich worst case um.

Der Hilfsarbeiterjob, ohne Abschluss mit Zeitverträgen, wird dich langfristig, schätze ich, nicht glücklich machen.

Falls du dich noch nicht richtig sortiert haben solltest und <u>u18</u> bist, könntest du auch über eine Einstiegsqualifizierung (EQ) nachdenken. Die EQ ist ein Langzeitpraktikum in <u>einem</u> Betrieb, mit dem Ziel, den Beruf zu erproben und nach einer Zeit von ca. 6-12 Monaten dort in ein Ausbildungsverhältnis überzugehen. An dem Berufsschulunterricht nimmst du hier parallel auch schon teil. Die zuständige Kammer, du erinnerst dich, IHK oder HWK, kann die Praktikumszeit hier auf deine anstehende Ausbildungszeit im Betrieb anrechnen.

Von daher investiere bitte in welcher Art auch immer in dich selbst, dein Brain und deine Zukunft.

Hör auf mit dem Mimimi @Chantal, wenn du nun ohne Studium keine Tierärztin werden kannst. Glaube an dich und gehe den Weg, andernfalls checke, welche Alternativen du hast, vielleicht wäre Tierpflegerin ja möglich und auch spannend für dich?!

Wenn dein Abschluss kacke sein sollte, überlege dir am besten gleich, ob du diesen nicht vielleicht sofort aufpolieren kannst bzw. möchtest.

#Schulpflicht

Die Schulpflicht in Deutschland ist nicht einheitlich geregelt, sondern jedes Bundesland hat dies mehr oder weniger angrenzend an den staatlichen Erziehungsauftrag, die Landesverfassung und/oder das Schulgesetz beschlossen.

Über den Daumen kann man allerdings zusammenfassen, dass du deutschlandweit bis zur Volljährigkeit und schulformunabhängig in die Schule musst. Um die Pauker kommst du also nicht wirklich herum. Wer dagegen verstößt, muss blechen. Prüfe also bitte genau, welche Regelungen in dem Bundesland, in dem du wohnst, gelten.

Eine ausführliche Darstellung und viele tiefergehende Informationen zu den jeweiligen Regelungen der verschiedenen Bundesländer findest du unter dem angegebenen QR-Code.

Weil es letztlich in der Glotze kam und ich mal wieder Trash TV mit der Herrin schauen musste, noch eine kleine Aufklärung aus gegebenem Anlass.

Deutschland hat 16 Bundesländer und NEIN, Hessen ist nicht die Landeshauptstadt von Sachsen, wie von Chris im Sommerhaus der Stars angenommen. Falls du damit auch Schwierigkeiten haben solltest, checke dies doch bitte vorher, bevor du eventuell zum Pisaopfer abgestempelt wirst.

#Businesslook

@Chantal, na, schon was dazugelernt oder rennst du immer noch rum wie eine Bordsteinschwalbe?

Ein Hosenanzug ist echt nicht nötig, aber eine nette Bluse auf einen normalen Rock bzw. Hose wirkt schon anders auf dein Gegenüber.

Der Businesslook wird in drei Looks unterteilt und ist den Gegebenheiten der Company angepasst. Manche tragen casual, manche Business und manche den Mix „Business casual" oder machen einen auf casual friday.

Vielleicht musst du dir auch gar keine neue Einlage für deinen Schrank kaufen und bekommst die Kleidung einfach von der Company gestellt.

Für dein Vorstellungsgespräch rate ich dir Business casual oder den Businesslook. Ja, ich hatte etwas Glück mit meinen kurzen Hosen damals, aber hierauf solltest du dich nicht verlassen. Einen schrägen Blick habe ich damals auch bekommen!

@Kevin: Weiße oder die super trendigen bunten Socken auf einen Anzug würde ich mir persönlich auch verkneifen. Am Ende musst du dies selbst wissen und ich bin in dem Bezug einfach oldschool.

Zusammenfassend möchte ich einfach behaupten, dass dich niemand wegen deiner unpassenden Kleiderwahl im Vorstellungsgespräch nicht einstellen würde, wenn du dich sonst super verkaufst. Aber gehe doch lieber auf Nummer sicher.

#Interviewphasen

Einige Einblicke konnte ich dir ja bereits an die Hand geben, zur Verinnerlichung zeige ich dir den Ablauf eines typischen Vorstellungsgesprächs gerne weiter auf.

1) **Phase: Smalltalk (Dauer ca. 3 Minuten)**

   - Kurze Begrüßung
   - Frage nach Anreise und Getränke

2) **Phase: Kennenlernen (Dauer ca. 10 Minuten)**

   - Vorstellung der anwesenden Babos mit Namen, Position/Zuständigkeit
   - Babo stellt das Unternehmen vor (Kultur, Produkte, USP).

3) **Phase: Selbstpräsentation (Dauer ca. 15 Minuten)**

   - Du bist dran, präsentiere deinen bisherigen Lebenslauf.
   - Beachte hierbei, dies etwas ausführlicher mit Beispielnennung zu machen,
   - z.B. Nennung von Schulfächern, in denen du gut bist/warst,
   - z.B. gewonnene Eindrücke und Tätigkeiten durch Praktika,
   - z.B. Nebenjob, ggf. soziales Engagement, Vereine und Hobbys.
   - Versuche bei allem, immer einen Bezug deiner Erfahrung auf die gewünschten Anforderungen des Unternehmens zu spiegeln.

4) **Phase: Rückfragen, ist oft vereint in Phase 3 (ca. 20 Minuten)**

- Du kannst damit rechnen, dass man dir während deiner Selbstvorstellung gezielte Fragen zu deinen Erläuterungen stellt,
- z.B. wie hast du das Genannte vorbereitet oder gemacht, welche eventuellen Schwierigkeiten hattest du dabei, hattest du Hilfe oder hast du Dinge selbstständig erledigt? Was durftest du schon alleine machen?
- Was genau hat dir daran Spaß gemacht?
- Was würdest du dir in Bezug auf die Arbeit und Company wünschen?
- Wer bist du, was machst du in deiner Freizeit?
- Wenn die Fragen der Babos beantwortet sind, stellst du deine Fragen.

5) **Phase: Abschluss (ca. 5–10 Minuten)**

- Ggf. Starttermin, Gehaltsvorstellungen/Gehalt, Sonderleistungen und Benefits
- Dank für das Gespräch
- Weiteres Vorgehen
- Verabschiedung

Ein normales Vorstellungsgespräch dauert in der Regel ca. eine Stunde!

#Mittlere Reife

Kurze Einleitung, da es wohl bisher nicht geschafft wurde, diesen Abschluss auf eine deutschlandweite einheitliche Benennung zu bekommen. Die Mittlere Reife/Realschulabschluss heißt daher in unseren verschiedenen Bundesländern teilweise verschieden.

Weiter sind die Voraussetzungen je nach Bundesland etwas anders für die nachträgliche Anerkennung.

Guckst du, denn **grob** kann man bundeslandübergreifend Folgendes sagen:

1. Berufsschulabschlusszeugnis: mindestens einen Notendurchschnitt von 3,0 (Sport & Religion ausgenommen)
2. Fremdsprachenunterricht: z.B. mindestens 5 Jahre Englisch all in Haupt- und Berufsschule
3. Kammerprüfung (z.B. IHK/HWK): Bestehen deiner minimum zweijährigen Berufsausbildung.

Checke dies unbedingt bitte nochmal bzgl. der Gegebenheiten des Bundeslandes, in dem du zur Schule gehst. Gehe einfach in das Sekretariat deiner Berufsschule, die checken das mit dir und knallen am Ende und vorausgesetzt es passt den Vermerk und Stempel auf dein Berufsschulzeugnis!

Wenn du die Voraussetzung erfüllst, nimm dir auch die Anerkennung mit. Vielleicht willst du irgendwann einmal umschulen und brauchst hierfür die Mittlere Reife oder auch Studieren ohne Abi geht unter weiteren Voraussetzungen. Was du hast, hast du!

#Aufstiegsfortbildung

Die Aufstiegsfortbildung in Deutschland ist eine Maßnahme zur Weiterqualifizierung, im Regelfall nach der dualen Ausbildung (Berufsausbildung). Du kannst nach Abschließen dieser weiter vorankommen, ggf. Leitungsfunktionen übernehmen und etwas mehr Cash einhamstern.

Auch wenn es direkt nach dem Abschluss nicht gleich mit einer Beförderung klappen sollte, ist dein Brain gepimpt und du kannst mit neuen Erfahrungen glänzen.

Je nach Berufsausbildung kannst du die verschiedensten Aufstiegsfortbildungen besuchen. Angeboten werden diese bei der IHK, HWK oder freien Trägern. Achte darauf, dass die Prüfung anerkannt ist, wie beispielsweise bei der IHK oder HWK.

Du kannst diese nebenberuflich in Teilzeit oder auch in Vollzeit besuchen. Auch eine Brain-Überflutung in einem Quick & Dirty Kurs, der alles vermittelt, was zum Bestehen der Prüfung benötigt wird, wäre möglich.

Die jeweiligen Zulassungsvoraussetzungen findest du immer in dem jeweiligen Weiterbildungsangebot.

Die Fortbildungen sind in einem Stufensystem aufgebaut, also wie bei Haupt, Real und Abi hast du die Möglichkeit nach der Berufsausbildung deinen z.B. Techniker/Meister, Fachwirt/Fachkaufmann oder Betriebswirt zu absolvieren.

Das Bildungsniveau eines Technikers/Meisters oder auch Fachkaufmanns/Fachwirts entspricht dem Bachelor-Niveau. Schimpft sich auch Bachelor Professional CCI.

Der Betriebswirt ist Masterniveau, also Master Professional CCI.

Ich habe bei meinen persönlichen Fortbildungen auch viele studierte Köpfe als Teilnehmer kennengelernt. Selbst sehr erfahrene Führungskräfte saßen mit mir in Fortbildungen, wo ich selbst zu dem Zeitpunkt vom Tuten und Blasen noch kaum eine Ahnung hatte.

Die Abschlüsse sind wegen der Nähe zur Berufspraxis sehr angesehen und es kann zumindest mir keiner erzählen, dass er nach seinem Studienabschluss und ein paar Praktika wüsste, wie die Arbeitswelt funktioniert.

Da Aufstiegsfortbildungen auch nicht für umme sind und teilweise eine größere Summe Cash kosten, gibt es staatliche Förderungen. Die bekannteste ist wohl das Meister-Bafög. Wenn du diese Art der Förderung nicht bekommen solltest, kannst du auch bei der Agentur für Arbeit um Unterstützung bitten.

Teilweise fördert dich auch dein Arbeitgeber und entwickelt dich weiter und bezuschusst oder zahlt dir gezielte Maßnahmen. Hierzu einfach mal den Babo fragen. Fragen kostet nix, außer etwas Mut.

Mehr zum Meister-Bafög findest du im nächsten #.

#Meister-Bafög

Ihr Glücklichen, am 01.08.2020 trat die vierte Novelle im Aufstiegsfortbildungsförderungsgesetz in Kraft.

Aufstiegsfortbildungsförderungsgesetz – noch viel länger hätte man das Gesetz auch nicht mehr nennen können, oder? Egal, nehmen wir die Abkürzung (AFBG) bzw. bleiben bei Bafög, ist nämlich das Gleiche, und machen weiter im Text.

Das Bundesministerium für Bildung und Forschung (BMBF) hat in der Legislaturperiode, hihi Periode, zusätzlich 350 Mio. locker gemacht. Heißt, du bekommst schon mal mehr Förderung als ich damals. Ob ich neidisch bin? Geht so, ich gönne es dir!

Also ob du nun deinen Techniker/Meister, Fachwirt oder eine der anderen 700 Fortbildungen in allen Branchen und unabhängig von Alter und Form, Voll- oder Teilzeit, machst, gibt's mehr Cash-Bezuschussung. Dabei ist es auch latte, wie viel Cash du selbst verdienst.

Bei einer Vollzeitmaßnahme kannst du auch zusätzlich Cash für deinen Lebensunterhalt, also Kippen, Sprit, Schnuff oder besser Miete, Lebensmittel usw. in Höhe von 892,00 € abschnorren und musst dies jetzt nicht mal mehr zurückzahlen.

O.k., langsam werde ich doch neidisch!

Für die, die die Gummis bzw. Pille mal vergessen haben oder bewusst paar Kids produziert haben sollten, gibt es, ob verheiratet, geschieden und/oder alleinerziehend, ebenfalls gehaltsunabhängig mehr Cash.

Deine Lehrgangsgebühren bis zu einer Höhe von € 15.000 trägt zur Hälfte der Staat, der Rest wird über ein zinsgünstiges Darlehen über die KfW-Bank finanziert.

Bei erfolgreichem Abschluss der Prüfung muss das Darlehen sogar nur noch zur Hälfte zurückgezahlt werden.

Und wer sich jetzt noch nach der Fortbildung selbstständig macht, muss gar nichts zurückbezahlen und kann sorgenfrei in die Existenzgründung gehen. Klingt fast zu schön, um wahr zu sein, oder?

Stimmt, bestehen solltest du die Fortbildung, aber zur Not gibt es auch Nachprüfungen und es ist nicht alles im Sack.

Wenn du jetzt noch ein paar Tage Bildungsurlaub abcheckst, hast du neben deiner eventuellen Bequemlichkeit die besten Chancen, um voranzukommen.

Alle weiteren Infos und Anträge findest du unter den QR-Code-Verlinkungen.

Stärke deine Stärken! Gönne dir den Brain-Einlauf während deiner Fort- und Weiterbildungen und das coole Gefühl, das ein oder andere Zertifikat einzuhamstern. Du hast es dir verdient!

#Allgemeines Gleichbehandlungsgesetz (AGG)

Allgemeines Gleichbehandlungsgesetz heißt für die, die es noch nicht verinnerlicht haben sollten: ALLE Menschen, ob groß, klein, dick, dünn, weiß, gelb, schwarz oder bunt, mit Pimmelchen, Möschen oder beidem, hetero, bi oder homo, mit drei Fingern, einem Auge und Holzbein, dies oder jenes anbetend, spritzig oder rüstig, haben ALLE die gleichen Rechte.

Also es wird bitte niemand diskriminiert! O.k., ein bisschen wird schon erlaubt sein, die Klischee-Kiste glänzt einfach viel zu schön, um sie zuzulassen. Aufpassen solltest du damit allerdings, dies ist nun kein Freibrief, Menschen zu beleidigen, und kann dich u.a. auch ganz schnell deinen Job kosten und ggf. auch eine Strafverfolgung mit sich ziehen.

Tipp: Sei einfach lieb und nett zu allen, da lebt es sich auch gleich selbst viel glücklicher.

Wenn dir das eventuelle Bossing, Dissen oder Mobbing in der Company auf den Magen schlägt, suche Hilfe bei deinem Babo, Babos Babo, dem #Betriebsrat, falls vorhanden, oder einer sonstigen Vertrauensperson.

Also @Chantal, wenn dir jemand an deinen kleinen Knackarsch packen sollte, kannst du ordentlich Krawall machen.

Beachtet der Arbeitgeber das AGG nicht, kann es zu erheblichen Konsequenzen, z.B. Entschädigungs-, Unterlassungs- und/oder Schadensbeseitigungsklagen, kommen. Bei einer Belästigung oder sexuellen Belästigung kann der betroffene Arbeitnehmer – sollte der Arbeitgeber keine oder offensichtlich ungeeignete Maßnahmen treffen – sich auf das Leistungsverweigerungsrecht berufen.

Also Kuli fallen lassen, heimgehen und weiterbezahlt werden.

Beweisen musst du deine Behauptungen als Arbeitnehmer allerdings können, wenn du eine AGG-Klage einreichst. Es gibt in diesem Fall aber auch eine Beweiserleichterung, hier müsstest du lediglich Indizien vorbringen und beweisen, wonach eine Diskriminierung vorliegen könnte.

Weiter liegt ein Leistungsverweigerungsrecht auch vor bei dem Verstoß gegen Schutz- und Betriebsverfassungsgesetz oder auch der Unzumutbarkeit. Beispiele wären hierzu das Beschäftigungsverbot in der Schwangerschaft, Verstöße gegen das Arbeitszeitgesetz, Unzumutbarkeit aus Glaubens- oder Gewissensgründen und auch entwürdigende Arbeitsbedingungen (Schikane und Demütigung).

Alle Angaben ohne Gewähr, ich bin kein Anwalt. Suche dir bitte dringend professionelle Rechtsberatung, wenn du dich hier wiederfinden solltest.

Ich hoffe, du kommst niemals in so eine Situation, aber weißt nun auch, was du in solchen Fällen tun kannst.

#GAP (Der Personaler im Zahnarztkittel)

Hier gibt's nur einen kurzen Ausflug, weil das Thema für euch jetzt nicht wirklich superspannend sein dürfte.

GAP (englisch) heißt übersetzt Lücke, in der Welt der Personaler spielt dies eine große Rolle, da diese dafür Sorge zu tragen haben, dass diese Lücken mit Mitarbeitern gefüllt sind oder gar nicht erst entstehen. Quasi wie der Zahnarzt der Personalgewinnung.

Hat eine Company z.B. einen neuen Auftrag gewonnen, der nicht mit dem vorhandenen Personalstamm abgearbeitet werden kann, benötigt man logischerweise neue Mitarbeiter, um die Lücke zu schließen. Geht ein Mitarbeiter z.B. in Rente, Elternzeit oder kündigt, entstehen Lücken in den Teams, oder auch ein fauler Zahn muss mal gezogen werden und durch einen neuen ersetzt werden.

Die Personalplanung und die sogenannte GAP-Analyse sollen planbare Fluktuation vorhersehen, sodass sich die Companies bzw. die dafür zuständigen Mitarbeiter rechtzeitig auf die Mitarbeitersuche vorbereiten können, damit der Gap erst gar nicht entsteht.

Wenn du regelmäßig deine Zähne untersuchen lässt, diese sauber hältst und pflegst, gibt es weniger Karies und Löcher.

#High Potentials

Sind laut Definition eigentlich nur Hochschulabsolventen.

Jo, also für mich kannst auch du ein High Potential mit deinem Hauptschulabschluss sein, da sitze ich jetzt mal nicht mit dem blanken Arsch auf dem Stock.

Die wichtigsten Punkte sind dein Engagement, Belastbarkeit, Flexibilität, geistige Agilität bla bla bla. Im Grunde geht es darum, dass du dich bewegst, mitdenkst, vorausschauend arbeitest und man erkennen kann, dass du für eine Führungsposition geeignet bist. Das kann sich über Projekt- und Teamleitung über die Abteilungsleitung, Geschäftsbereichsleitung, die Geschäftsführung bis hin zum Vorstand ziehen.

O.k., gut. In der ersten oder zweiten Führungsebene, je nach Company-Matrix verschieden, könnte es irgendwann etwas schwierig werden mit dem Hauptschulabschluss und ohne je Weiterbildungen besucht zu haben, noch mitzuhalten. Es hat aber auch nicht jeder Lust zu führen, kann dies und hat das Zeug dazu.

Schlechte Führungskräfte findet man wie Sand am Meer, hierbei geht es eben nicht nur um fachliches Wissen, sondern um einiges mehr. Aber keine Angst, es gibt auch genügend gute. Wenn es nur High Potentials gäbe, wer macht denn dann am Ende die Arbeit an der Front?

Von daher, mache dich bitte nicht verrückt und suche dir den Job, der dich glücklich und zufrieden macht.

#Fachkräfte

Hier kommen wir zu dir bzw. fangen wohl die meisten als Fachkraft an. Nach Definition ist das derjenige Mitarbeiter, der eine duale Ausbildung hat und kaufmännische oder technische Arbeiten ausführt.

Das Ganze ist meiner Meinung nach etwas schwammig, es gibt unzählige Fachkräfte, die studiert haben und den gleichen Job machen.

Eine gesonderte Definition für studierte Mitarbeiter, die als Fachkräfte tätig sind, gibt es so nicht oder ich habe was verpasst.

Fachkräfte findest du weiter in allen Bereichen, ob das nun z.B. im Handwerk, in der Pflege, im Gastgewerbe oder der ganz normale Büromitarbeiter in jeglichen Branchen ist, ist Wurst. Mit dem Titel „Fachkraft" darfst du dich also nach Bestehen deiner Berufsausbildung schmücken.

Natürlich auch mit dem offiziellen Titel deines erzielten Berufsabschlusses, der wohl in den meisten Fällen etwas cooler klingt als einfach nur pauschal gehalten „Fachkraft".

Theoretisch kannst du mit den Jahren zum Generalisten, Spezialisten oder auch Experten auf deinem Gebiet weiterwachsen. Oder eben auch hier dann den offiziellen Titel deines weiteren Abschlusses tragen, z.B. Techniker, Meister, Fachwirt usw.

#Demographischer Wandel

Die Bedeutung des demographischen Wandels betrifft die Bevölkerungsentwicklung und umfasst die Altersstruktur, das quantitative (Menge) Verhältnis von Männern und Frauen, Anteile Inländer/Ausländer und Eingebürgerte in der Bevölkerung, Geburten- und Sterberate sowie Zu- und Fortzüge.

Du wirst u.a. in den Medien mitbekommen haben, dass auf der Welt und auch in Deutschland ganz schön viel los ist in diesem Bezug. Die Geburtenraten gehen zurück und die Business-Ladys werden mittlerweile erst recht spät zu Mamis, zumindest im Vergleich zu früher.

Schau dir mal den Film Idiocracy (2006) von Regisseur Mike Judge an. Ob es hier eventuell Parallelen gibt, ich weiß ja nicht. Unterhaltsam ist er auf jeden Fall.

In einer Simpsons-Folge vom Jahr 2000 war Mr. Trump bereits einmal Präsident, gut 17 Jahre später ist es dann tatsächlich passiert. Wer hätte es gedacht?! Naja, egal, das Regierungs-Trumpolin hat am 07.11.2020 eine Wende genommen. Wie man Cash macht, hat er gut verinnerlicht, und auch dass er sein Gehalt für wohltätige Zwecke spendete, darf man nicht vergessen, selbst wenn es ggf. nur ein Schachzug war. Das Thema der Gleichberechtigung und Zuwanderung ging wohl leider in geistiger Umnachtung völlig unter. Es gibt wohl immer zwei Seiten. Das Kartenhaus ist nun gefallen und die führende Hand „Trump!f!ass" wurde, wie hoffentlich auch bald seine errichteten Mauern, wieder eingerissen. Hinterfrage die Dinge für dich selbst und bilde dir deine eigene Meinung.

#Globalisierung

Die Globalisierung der Arbeitswelt wächst stetig weiter, die Bedeutung entspricht den weltweiten Vernetzungen. Die voranschreitende Digitalisierung der Companies macht es heutzutage schon möglich, mit Leichtigkeit über die verschiedensten Arten schnell und transparent zu kommunizieren.

Nehmen wir ein einfaches Beispiel:

Rudi will sich ein Paar Sneakers bestellen, da er es mittlerweile auch gecheckt hat und in seinen Stiefeln eh immer nur Käsefüße bekommt. Er geht also zu dem Onlinehändler seines Vertrauens und bestellt. Ob seine Bestellung nun direkt in China, Indien oder sonst wo eingeht, bearbeitet, weitergeleitet und abgewickelt wird, könnte zumindest auf globaler Ebene gut möglich und höchstwahrscheinlich sein.

Wenn ich es kurzfasse, geht es im Company-Bezug um die länderübergreifende Zusammenarbeit und natürlich auch das Cash, das bei der Sneakers-Produktion in China eine höhere Marge für den Händler abwirft als bei der Produktion um die Ecke.

#Duale Ausbildung

Die duale Ausbildung beschreibt die systematische Ausbildung an zwei Orten. Richtig, Syndi, in der Berufsschule und in der Company. Die Person in der dualen Ausbildung bezeichnet man als Auszubildende/r oder veraltet Lehrling.

Den Großteil des praktischen Wissens der Ausbildung wird in der Company vermittelt und der Großteil der Theorie in der Berufsschule.

Das duale Studium läuft, just for Info, nach der gleichen Systematik, also in der Company und an der Uni bzw. FH.

#Outsourcing

… Könnte man auch mit einem Rechenspiel vergleichen. Also, wenn du selbst eigentlich die gleiche Leistung oder nur mit kleineren Abstufungen woanders billiger bekommst, denkst du doch auch darüber nach, wo du kaufst, oder?

Im Sinne von „Mathematik kann auch Spaß machen" habe ich mal wieder die Bitch-Kiste für euch aufgemacht, damit es nicht zu trocken wird.

Vivian ist die Inhaberin eines gut besuchten und innovativen Bordells und hat 30 festangestellte Huren (m/w/d).

Ein Mitarbeiter hat einen täglichen Workload von rund 15 Freiern aufzufangen. „Der Gast sticht stets in den Mittelpunkt", lautet das Motto des Etablissements und jeder wird bedient. Auch die voranschreitende Digi – äh Genitalisierung, um im Gewerbe-Slang zu bleiben – wächst weiter wie eine gesunde Erektion voran. Obwohl die Freier gerne kommen, fehlt diesen nach wiederkehrenden Besuchen die Abwechslung bzw. eben das Frischfleisch.

Auf Vivian erhöht sich dadurch der Druck, aber da sie ein ausgepufftes Schlitzohr ist, hat sie schon einen Braincumshot.

Im Bukkake-Style spritzen die Ideen aus ihr heraus und der neue Business-Case wird geboren.

Die alteingebetteten Angestellten werden durch freischaffende Künstler/innen ersetzt. So spart sich Vivian die hohen Personalnebenkosten, den Ausfall von Eltern- und Vertretungszeiten und verteilt die Pacht der Unterkünfte geschickt mit einer Tageszimmermiete auf die neuen Durchreise-Freelancer.

Da Vivian kein Unmensch ist, bietet sie natürlich auch ihrer älteren Belegschaft an, sich an dem globalen Genitalisierungsprojekt zu beteiligen.

Es gibt jetzt also auch eine neue Homepage, von dem aus unzählige und aus aller Herren Ländern kommende Cam-Artisten beobachtet werden können. Die Inhouse-Dienstleistung mit Festangestellten wurde also final an Externe outgesourced.

Mit ihren Marktbeobachtungen und ihrer Strategie geht Vivian mit den Trends und ihr kleines Bordell ist zu einem Global Player herangewachsen.

#Ausbildungsvertrag

Ein nicht ganz unwichtiges Stück Papier, denn der Ausbildungsvertrag schafft am Ende die Grundlage deiner Rechte und Pflichten in der Berufsausbildung.

Der Vertrag wird zwischen dem Ausbildungsbetrieb und dir geschlossen, falls du noch nicht volljährig sein solltest, unterschreiben für dich deine Eltern bzw. Erziehungsberechtigte/n.

Was steht da so drin?

Beispiel:

- Neben dem Ausbildungsberuf die inhaltliche und zeitliche Gliederung
- Ausbildungsmaßnahmen außerhalb der Company (Berufsschule)
- Dauer der täglichen Arbeitszeit, deine Urlaubstage und die Probezeit
- Kündigungsfristen
- Die Regelung für dein Cash

Wenn du unter 18 Jahre alt sein solltest, musst du auf jeden Fall eine Erstuntersuchung beim Doc machen. Diese dient deinem eigenen Schutz und ist gesetzlich vorgeschrieben und ganz normal.

Es gibt auch Dinge, die nicht in einen Ausbildungsvertrag stehen dürfen, aber da Ausbildungsverträge auch durch die zuständige Kammer (IHK, HWK) geprüft werden, ist hier ein doppelter Schutz für dich eingebaut und du brauchst dir keine Sorgen zu machen.

#Rechte und Pflichten während der Berufsausbildung

Als Figur auf dem Schachbrett des Lebens gibt es so einiges zu beachten, dies auch während deiner Berufsausbildung. Verinnerliche deine Rechte und Pflichten als Azubi, sei ein guter Stratege und riskiere es nicht, dich Schachmatt setzen zu lassen.

Gerne gebe ich dir einen Überblick der verschiedenen Gesetze, Verordnungen und Bestimmungen. Diese sind u.a. im Berufsbildungs- und Jugendarbeitsschutzgesetz und der Handwerks- und Ausbilderverordnung geregelt.

Deine Rechte:

Cash: Eine angemessene Ausbildungsvergütung muss dir bezahlt werden.

Ausbildungsmittel: Der Betrieb muss dir kostenfreie Arbeitsmaterialien, wie z.B. Werkzeuge, zur Verfügung stellen.

Freistellung: Für den Besuch der Berufsschule bist du freizustellen.

Ausbildungsziel: Tätigkeiten, die nichts mit deiner Ausbildung zu tun haben, z.B. dem Babo Kaffee bringen, musst du nicht ausführen.

Kündigungsrecht: Du kannst als Azubi deinen Arbeitsvertrag innerhalb einer vierwöchigen Frist kündigen.

Zeugnis: Nach Verlassen des Betriebs muss dir ein wohlwollendes Zeugnis ausgestellt werden.

Vertretung: Nach bestimmten Voraussetzungen muss in einem Betrieb eine Jugend- und Auszubildendenvertretung gebildet werden.

Deine Pflichten:

Lernpflicht: Du musst dich um einen erfolgreichen Abschluss der Ausbildung bemühen.

Teilnahmepflicht: Der Berufsschulunterricht ist vorgeschrieben.

Anweisungen: Du musst die Anweisungen deines Ausbilders befolgen.

Betriebsordnung: Diese ist zu befolgen, z.B. Tragen von Schutzkleidung.

Bewahrungspflicht: Den sorgfältigen Umgang mit Arbeitsmaterialien, z.B. mit Maschinen und Werkzeugen, hast du zu bewahren.

Schweigepflicht: Betriebsgeheimisse dürfen nicht ausgeplaudert werden.

Krankmeldung: Deine Arbeitsunfähigkeit muss durch die Vorlage einer ärztlichen Bescheinigung bestätigt werden.

#(m/w/d)

Durch eine Klage bekam der Buchstabe „d", also männlich/weiblich/<u>divers,</u> besondere Aufmerksamkeit und das Personenstandgesetz wurde angepasst.

Vielleicht ist dir das Kürzel (m/w/d) schon einmal in Stellenausschreibungen aufgefallen und du wusstest nicht, was die Bedeutung dahinter ist. Divers steht für Menschen, deren männliches bzw. weibliches Geschlecht nicht direkt zugeordnet werden kann. Nein, nicht transsexuell!

Es gibt Menschen, die z.B. mit verschiedenen Geschlechtschromosomen geboren werden. Die Chromosomen sind bei Männern XY und bei Frauen XX. Hast du bestimmt schon einmal gehört oder gesehen. Durch eine, sagen wir, Verschiebung bilden sich diese teilweise unterschiedlich.

Es gibt daher intersexuelle Menschen die zum Beispiel das äußere Erscheinungsbild einer Frau haben, bei denen sich aber keine Gebärmutter und Eierstöcke gebildet haben.

Die klassischste, aber auch zugleich seltenste Form von Intersexualität ist der Hermaphroditismus verus. Besser bekannt als Zwitter.

#Berufsberater

Die Berufsberater findest du voraussichtlich an deiner Schule, bei der Agentur für Arbeit, den Kammern (IHK, HWK) und sonstigen Bildungseinrichtungen. Wenn du deine Augen offen hältst, findest du auf jeden Fall recht schnell jemanden, der dir hier zumindest versucht etwas Klarheit mit auf den Weg zu geben.

Falls zu Teilen noch nicht umgesetzt, gibt es bald wohl keinen Weg mehr an der Berufsgruppe vorbei und um die Wunsch-Hartzer nochmal anzusprechen, checkt einmal aus, wie der Workflow u25 dazu aussieht.

Da platzen aber nach näherer Recherche ggf. Träume.

Um dich noch besser vorzubereiten und ins System zu integrieren, sind weitere Novellen umgesetzt worden, sodass die Berufsorientierung bzw. Vorbereitung in der Schulzeit noch mehr in den Fokus rückt. In meinen Augen ist dies absolut nötig und überfällig gewesen, etwas weniger merkeln an dem Thema wäre, denke ich, besser gewesen, aber „Gut Ding will Weile haben".

Auch so ein toller Alman-Klassiker!

Seit Beginn 2019 wurde das Programm auf jeden Fall erweitert und in der Berufsorientierung ist nun nochmal mehr Harakets.

#BIZ (Berufsinformationszentrum)

Das Berufsinformationszentrum hilft dir unter anderem bei der Findung von Ideen zu deiner Berufswahl, hilft bei dem Erstellen deiner Bewerbungsunterlagen und beantwortet dir deine Fragen, wenn du nicht weiterkommen solltest. Generell kannst du dich dort, online oder auch vor Ort, über den kompletten Umfang zu den Themen Ausbildung, Schule und Studium aus deiner Region beraten lassen und dir Tipps, Informationen bzw. auch Unterstützung holen.

In einem Computerraum hättest du ebenfalls die Möglichkeit, vor Ort deine Bewerbungsunterlagen zu erstellen, zu scannen oder auch auszudrucken.

Weiter gibt es viele Veranstaltungen, wie z.B. Berufsmessen, Bewerbungstraining oder auch Workshops. Ich schätze, nicht ganz in meinem Stil, aber schaden wird es nichts, dort auch mal aufzuschlagen.

Das BIZ ist meist Teil einer Arbeitsagentur, von daher müsstest du schon echt hart ignorant sein, um diese nicht auch in deiner Nähe zu finden. Da im Leben nichts umsonst ist, kostet dich die Hilfe dort nur fairerweise etwas deiner Zeit!

Also, geh nicht ab**B**li**tZ**en, sondern Ohren und Stift beim BiZ spitzen. Eigentlich ganz netter Slogan, oder?

Tu dir bitte einfach selbst den Gefallen und bleib nicht stehen!

#Check-U

Ist ein Erkundungstool, dort bekommst du die Möglichkeit, neben deiner Brainstandabfrage mit verschiedenen Tests die unterschiedlichen Berufsfelder kennenzulernen. Abschließend werden dir Berufe vorgeschlagen, die laut Auswertung zu dir passen.

Ich finde es auf deinem Level nicht verkehrt und bis auf die etwas nervige Anmeldung und Caramella, die sich im Erklärvideo dazu wild rumgestikulierend um Kopf und Kragen labert, echt ganz nice.

@Caramella: Bussi, Zwinker-Smiley.

Aber vielleicht findest du es ja top, mein Schreibstil wird mit Sicherheit auch nicht jedem zusagen. Ist aber auch latte, solange es dir gefällt und du etwas für dich mitnimmst.

Krass, wie viele Leute dir dabei helfen wollen, dass du auf deinem beruflichen Weg vorankommst. Es gibt mehr Menschen, als man glaubt, die ein echtes Interesse daran haben, dass du nicht lost gehst. Und du dachtest vielleicht, dir hilft keiner?

#AzubiWelt

Ist die Azubi-App der Arbeitsagentur und bietet dir in kompakter Form sämtliche Anwendungen.

#IHK (Industrie- und Handelskammer)

Die Industrie- und Handelskammer könnte man als eine Art „Mutter" aller in Deutschland gewerbebetreibender, natürlich mit Ausnahmen, Unternehmen betiteln, denn diese gehören ihr per Gesetz und Branchen übergreifend an.

Auf den ersten Blick vielleicht etwas schwierig zu kapieren, ist aber auch nicht so dramatisch, finde ich. Das Wichtigste, was du mitnehmen solltest, ist, dass dir auch dort geholfen wird und ähnlich wie bei der Arbeitsagentur die verschiedensten Angebote für dein berufliches Vorankommen bzw. auch deine Ausbildung geboten werden.

Du findest dort deutschlandweit über 500 Berufsberater, eine Lehrstellenbörse, etliche Berufsausbildungsrahmenpläne und vieles mehr. Du machst dort also je nach Berufsgruppe deinen Abschluss und erhältst von der IHK auch beispielsweise dein Prüfungszeugnis über die bestandene Berufsausbildung. Mich begleitet die IHK schon mein ganzes Leben, da ich selbst eben alle Jahre wieder mal Fort- und Weiterbildungen oder auch Seminare besuche.

Die Abschlüsse der IHK sind staatlich anerkannt, verfolgen das Motto des lebenslangen Lernens und sind oft auch staatlich gefördert, z.B. mit Meister-Bafög.

Nehmen wir mal an, der Ausbildungsbetrieb, in dem du lernst, hält sich nicht an den Ausbildungsrahmenplan oder der Babo dort behandelt dich wie Müll. Wenn du dies direkt der IHK meldest – diese Möglichkeit besteht und ist kein No-Go – oder die Mutter IHK dies auf anderem Weg spitzbekommt, gibt es je nach Vorfall wohl ordentlich auf den Sack.

Es ist daher eine regional aufgestellte, berufsständige Körperschaft des öffentlichen Rechts und hat auch wie im beschriebenen Beispiel u.a. eine Sheriff-Funktion und die „Mutter" schimpft auch mal.

#HWK (Handwerkskammer)

Die Handwerkskammer ist das Gegenstück der IHK, also der „Vater". In Abgrenzung vertritt die HWK die Interessen des Handwerks. Die Initiative Handwerk 2025 widmet sich beispielsweise u.a. auch dem Entgegenwirken des Fachkräftemangels und der Unterstützung, Begleitung und Findung von Auszubildenden.

Speziell für Schüler findest du auf den Seiten handwerks-power.de und handwerksberufe.de viele Informationen, Beratung, Anleitungen, Tipps, einen Berufe-Checker und auch eine Azubi-Lehrstellenbörse.

Ziemlich nice ist auch die Rubrik Berufe A-Z, hier findest du neben der Berufsbildbeschreibung auch alle Tarifinformationen inkl. dem zu erwartenden Cash!

#Jobportale

Jobplattformen bzw. -portale gibt es jede Menge. Neben Branchen und berufsspezifischen Pages gibt es auch regional begrenzte oder auch allgemeine.

Zu den größten und bekanntesten zählen wohl Stepstone.de, Monster.de, Indeed.de (nicht Ingrid), Linkedin.de, Xing.de, meinestadt.de, yourfirm.de, jobware.de, kimeta.de, jobboerse.arbeitsagentur.de, ihk-lehrstellenboerse.de, ausbildung.de, ausbildungsstellen.de und und und.

Damit du dich nicht wuschig suchst, würde ich dir einmal Folgende an die Hand geben, nee bekomm kein Cash für die Werbung. Checke auf jeden Fall: Stepstone.de, jobboerse.arbeitsagentur.de, ihk-lehrstellenboerse.de und ausbildung.de, bei allen Seiten kannst du auch Filter setzen und ganz gezielt nach Ausbildungsplätzen suchen.

Es gibt auch Personalvermittlungsagenturen, die sich auf die Azubi-Vermittlung spezialisiert haben. Manch eine Company ist personell nicht so aufgestellt, dass diese genügend interne Personaler hat, um sich zielgerichtet um die Mitarbeitergewinnung zu kümmern, oder braucht einfach etwas Hilfe. Da sich in dieser Branche auch einige schwarze Schafe rumtreiben, möchte ich dir von meiner Seite nur die empfehlen, die dies gemeinnützig tun. Sprich, ohne von den Companies Geld zu verlangen.

Die Fläche für deine Jobsuche ist aber eigentlich riesig genug, also nimm deine Zukunft selbst in die Hand!

#Onboarding

Der Onboarding-Prozess ist die Einleitung deiner Einstellung und Integration in die Company.
Dieser umfasst neben der Anlage deiner Personalakte mit sämtlichen Dokumenten, wie z.B. deine Bewerbungsunterlagen, Arbeitsvertrag, Einstellungsgenehmigungen und Anmeldeunterlagen, ebenfalls alle weiteren Maßnahmen, um voll ausgestattet, gesund und munter loslegen zu können.

Eine Liste der Dinge, die du auf jeden Fall brauchen wirst, damit dich dein Ausbildungsbetrieb anmelden kann, findest du hier:

- **Steueridentifikationsnummer**
- **Sozialversicherungsnummer bzw. Ausweis**
- **Mitgliedsbescheinigung der Krankenkasse**
- **Bankdaten**
- **Personalausweiskopie bzw. Scan**

Und ggf. zusätzlich:

- **Ärztliche Bescheinigungen**
- **Nachweis der Elternschaft**
- **Kleidergrößen für die Arbeitskleidung**
- **Unterlagen über vermögenswirksame Leistungen (VWL)**
- **Brudis aus Nicht-EU-Ländern – Arbeitsgenehmigung**

Trage die Unterlagen am besten jetzt schon zusammen, damit du alles parat hast, sobald du diese brauchst, und nicht lange rumsuchen musst, falls es bei dir kurzfristig losgehen sollte.

#Kununu

Ist ein Company-Bewertungsportal, hier kannst du checken, was Bewerber und Mitarbeiter bzw. ehemalige Mitarbeiter dort für eigene Erfahrungen gemacht haben.

Es ist wie bei den meisten Sachen ein zweischneidiges Schwert, meine persönliche Meinung dazu ist: Klar, ist nicht schlecht, aber wer schreibt denn Bewertungen?! Meist diejenigen, die etwas Hass ablassen wollen, oder warum sollte die große Masse daran denken, Bewertungen zu schreiben, wenn alles super ist? Wenn ich mir die Page und so einige Einträge anschaue, könnte man den Verdacht bekommen, dass die Unzufriedenen sich auskotzen und die Companies gezielt Gegenmaßnahmen, welcher Art auch immer, zur Imagepolitur betreiben.

Mein Fazit: Schlecht ist es nicht, aber bilde dir besser deine eigene Meinung!

#Gdb (Grad der Behinderung)

Diesen Grad erhält derjenige in der Höhe seines einschränkenden Handicaps.

Nehmen wir als Beispiel einen Rollstuhlfahrer, dieser ist also körperlich beeinträchtigt und wird in seinem Fall wohl einen recht hohen Grad erhalten. Zumindest, schätze ich, die Stufe 50 erreicht haben. Deinem Babo musst du dies immer nur dann mitteilen, wenn du bei der Arbeit, die du ausführst, dich selbst oder andere gefährden könntest. Sonst kannst du dies ohne schlechtes Gewissen einfach verschweigen oder auch einfach getrost deinem Gegenüber auf eine eventuelle Frage im Vorstellungsgespräch oder während der sechsmonatigen Probezeit dahingehend ins Face lügen.

Die Zulässigkeit des sogenannten „Lügerechts" ändert sich nach der Probezeit! Bitte prüfe dies also sehr genau, solltest du einen Gdb haben.

In einem Rollstuhl zu sitzen, lässt sich schlecht verstecken, auch wenn man dies vielleicht wollte. Aber auch hier möchte ich an dieser Stelle etwas Mut machen, denn viele Companies stellen Menschen mit Handicap bevorzugt ein und schreiben dies nicht nur als leere Floskel in ihre Stellenausschreibungen.

Sie verhindern damit, ab einer gewissen Mitarbeitergröße Strafzahlung leisten zu müssen. Umso größer die Company, desto höher die Handicap-Quote. Dies könnte also auch ein Vorteil für dich sein!

#Jugendarbeitsschutzgesetz

Das JArbSchG regelt die Rechte und Pflichten von jeglicher bezahlter Beschäftigungsform, wie z.B. Ausbildung, Nebenjob, Praktikum oder auch die Gelegenheitsarbeit. Allerdings nur zwischen einem Alter von 15–18 Jahren.

Geringfügige Hilfsleistungen, wie z.b. der Oma von Gegenüber beim Einkauf helfen oder dem Baba eines Kollegas beim Streichen helfen, fallen nicht darunter.

Hasan (ü18) findet seine Rechte und Pflichten als erwerbstätiger Volljähriger im Arbeitsschutzgesetz bzw. Arbeitszeitgesetz. Ein paar Besonderheiten gibt es allerdings auch für ihn in der Ausbildungszeit.

Arbeitszeitenregelung im Jugendarbeitszeitgesetz:

In der Ausbildung, im Praktikum bzw. in einem regulären Arbeitsverhältnis dürfen Jugendliche maximal 40 Stunden in der Woche, verteilt auf 5 Arbeitstage, arbeiten.

In Ausnahmefällen kann die Tagesarbeitszeit auch auf 8,5 Stunden erhöht werden, hier gilt dann aber auch, dass die maximale Wochenarbeitszeit von 40 Stunden nicht überschritten werden darf.

Mehrarbeit, also Überstunden, sind nicht vorgesehen! Eine kleine Lücke gibt es nur in vorübergehenden und unaufschiebbaren Notfällen, soweit keine Erwachsenen zur Verfügung stehen. Die in diesem Bezug ausnahmsweise geleisteten Überstunden müssen innerhalb der nächsten drei Wochen ausgeglichen werden.

Weiter darf der Arbeitgeber an Berufsschultagen nicht verlangen, dass du vor einem vor 9 Uhr beginnendem Unterricht noch in die Company kommst.

Dies gilt unabhängig vom Alter des Azubis, also auch Hasan darf hier nicht verpflichtet werden.

Eine weitere Regelung ist, dass du, egal wie alt du bist (Gesetzesänderung 2020), nach der Berufsschule höchstens nur an einem von zwei Berufsschultagen in der Woche, an dem du mehr als 5 Unterrichtsstunden (á 45 min.) hattest, in die Company musst. Hier sind die Berufsschulzeiten und die Strecke von der Schule in die Company anzurechnen.

Beispiel bei einem 8-Stunden-Arbeitstag:

Tägliche Arbeitszeit 08.00–16.30 (8 Std. + 30 Min. Pause)
Berufsschule 08.00–12.00 (4 Std.)
Wegstrecke 30 Min.

Du musst an einem Tag noch 8 Std. – 4 Std. – 30 Min. = 3,5 Std. arbeiten.

Bei Blockunterricht der Berufsschule gilt, dass wenn du planmäßig innerhalb von 5 Tagen mindestens 25 Stunden Unterricht hast, dir die durchschnittliche Ausbildungszeit anzurechnen ist und du hier freigestellt bist.

Pausenzeiten

Das Jugendarbeitsschutzgesetz u18 vs. Arbeitszeitgesetz ü18

Die Pausen- und Ruhezeiten weichen zu Teilen stark voneinander ab, das JArbSchG sieht sowohl frühere als auch längere Pausen- bzw. Ruhezeiten vor.

Pausen und Ruhezeiten gemäß Arbeitszeitgesetz:

Arbeitszeit von mehr als 6 Stunden = Pause von mindestens 30 Min.

Arbeitszeit von mehr als <u>9 Stunden</u> = Pause von mindestens <u>45 Min</u>.

Länger als 6 Stunden am Stück darf nicht gearbeitet werden.

Pausen und Ruhezeiten gemäß Jugendschutzgesetz:

Arbeitszeit von mehr als <u>4,5 Stunden</u> = Pause von mindestens <u>30 Min</u>.

Arbeitszeit von mehr als <u>6 Stunden</u> = Pause von mindestens <u>60 Min</u>.

Länger als 4,5 Stunden am Stück darf nicht gearbeitet werden.

Des Weiteren geht das JArbSchG, im Gegensatz zum ArbZG, auf die Lage der Ruhepause ein. Diese dürfen frühestens eine Stunde nach Arbeitsbeginn und spätestens eine Stunde vor Feierabend stattfinden.

Außerdem muss die Freizeit zwischen zwei Arbeitstagen bei mindestens zwölf Stunden liegen, um eine ausreichende Erholung zu gewährleisten.

Weitere Beispiele:

Syndi ist 17 Jahre alt, sie steht auf coole Autos und schraubt auch gerne. Sie hilft in einer Werkstatt aus und greift den lauchigen Jungs von 06:00–12:00 Uhr unter die Arme. Bei ihr greift das Jugendarbeitsschutzgesetz. Da sie über 4,5 Stunden arbeitet, muss sie 30 Min. Pause machen.

Hasan (ü18) hat sich zunächst für eine Ausbildung zur Fachkraft für Schutz und Sicherheit entschieden, am Wochenende fängt er um 22:00 Uhr an und sein prüfendes Auge hat um 06:00 Uhr Feierabend oder eher Feiermorgen. Arbeitsschutzgesetz = erlaubt.

Hasan muss aber spätestens nach 6 Stunden Arbeit mal für 30 Min. chillen gehen.

Adam (16 Jahre alt) macht eine Pflegeausbildung im christlichen Krankenhaus ums Eck, die Arbeitszeiten sind eher unchristlich, allerdings in der Branche auch nicht ungewöhnlich und er hat Teildienst. Er arbeitet sonntags also von 06:00–10:00 Uhr und von 19:00–23:00 Uhr. Er hatte den Samstag und einen weiteren Tag unter der Woche frei. Jugendarbeitsschutzgesetz = erlaubt.

Kevin ist 17 Jahre alt und arbeitet in einer Bank. Er nimmt sich eine Woche Urlaub, hat allerdings an einem Tag Berufsschule. Er geht nicht hin, schließlich hat er Urlaub.

Jugendarbeitsschutzgesetz = verboten, seine Anwesenheit in der Berufsschule ist auch in seinem Urlaub Pflicht. Er bekommt diesen Tag allerdings nicht als Urlaub abgezogen.

#Arbeitnehmermarkt

Das Ding mit dem Angebot und der Nachfrage. Bekanntlich ist es ja so, dass der Preis für Dinge in die Höhe schnellt, sobald es wenig davon gibt.

Joa, irgendwie passt der Fachkräftemangel schon auch in diese Kategorie, wenn auch manch einer sich sehr langsam und mit dem Thema, mehr Cash von Company-Seite draufzulegen, nur sehr schwer anfreundet.

Der branchenabhängige Mangel hängt neben den eigentlichen Tätigkeiten aber wohl auch vom Cash ab.

Tariflandschaften gibt es recht viele in Deutschland, aber sind diese denn auch gesund? Bleiben wir mal bei gesund und werfen einen Blick auf die Pflege und den Facharbeitermangel hier.

@Adam: Hast du mit dem Geldsegen was zu tun, du hast doch Connections nach oben?!

Da tut sich doch tatsächlich was und auf der Page des Bundesgesundheitsministeriums wurde am 29.01.2020 das Video von Jennes und Hubi veröffentlicht, in dem mit mehr oder weniger Begeisterung der neue und mehrfach betonte Mindestlohn in der Pflege angehoben wird.

Ta daa und es gibt dann künftig für Altenpfleger, Pflege<u>hilfs</u>kräfte und Pflege<u>fach</u>kräfte (m/w/d) eine sagenhafte und noch nie vorgekommene, großzügige Anpassung.

Jennes wäre ja schon mit 2500,00 € Mindestmonatsbruttogehalt zufrieden gewesen, aber freut sich nun riesig über das starke Signal der Abstimmungen, wo nun im Vier-Stufen-System grandios phänomenale 2600,00 € Mindestmonatsbruttogehalt für die bestausgebildeten Pflegekräfte wartet.

ALMAN Adam:
MAN ERNTET WAS MAN SÄT

Spaß bei Seite, so schlecht ist das wirklich nicht. Auch wenn es sich bei Jennes, als unserem aktuellen Bundesgesundheitsminister, bestimmt recht geschmeidig wohnen lässt, da er sich kürzlich eine nette Villa mit seinem Ehemann gegönnt hat, ist sein beruflicher Werdegang wohl schon etwas vorangeschrittener.

Im # Brutto vs. Netto habe ich dir ein paar Beispiele vorbereitet, in denen du sehen kannst, wie man auch ohne ein Monatsgehalt von rund 20.000,00 € ganz gut über die Runden kommen kann.

Abschließend etwas zum Nachdenken: Der Wert des Lebens steigt, umso weniger Zeit uns bleibt.

#Sonderleistung

Sonderleistungen gibt es mittlerweile fast bei allen Companies, zumindest ist mir in meiner Laufbahn noch nie eine Company begegnet, die gar keine zahlt. Zu Teilen gab es oft nur ein sehr schmales Weihnachtsgeld, aber immerhin.

Sonderleistungen können unter anderem sein: Weihnachts- und Urlaubsgeld, Gewinnbeteiligungen, Firmenwagen und vieles mehr. Am Ende bildet sich dein Jahresbruttogehalt aus allen gezahlten Bestandteilen.

Rechtlich gesehen ist der Arbeitgeber nur dann verpflichtet, diese zu zahlen, wenn sie u.a. im Arbeits- oder Tarifvertrag oder einer Betriebsvereinbarung geregelt sind. Allerdings gibt es auch hier mal wieder Klauseln, die diese Zahlungen aushebeln können.

Die meisten Verträge bzw. Vereinbarungen enthalten diese Möglichkeit, aber davon solltest du dich nicht abschrecken lassen. Das ist eigentlich normal und die Companies wollen die Mitarbeiterzufriedenheit ja auch aufrechterhalten!

Bilderrätsel

Du bist hier angekommen, sehr, sehr geil!

Löse das Bilderrätsel. Markiere die 7 Entwicklungsdetails der Gang und werde zum Vize-Präsi.

#Benefits

Ob man Benefits nun mit Sonderleistungen gleichstellt, lasse ich mal offen, denn ob dies das Gleiche ist, handhaben viele Companies unterschiedlich vom Wording und der Aufteilung. Ich würde es getrennt betrachten wollen und sagen, dass Sonderleistungen sich im Jahresbruttogehalt widerspiegeln und Benefits weitere Zusatzleistungen, wie z.B. Vergünstigungen im Fitnessbereich, eine Bahncard oder Rabatte beim Looten sein können. Am Ende ist es für den Mitarbeiter einfach schön, wenn man etwas mehr als den Standard erhält, und es gibt schon sehr viele coole Zusatzangebote.

Die Unternehmen stellen diese freiwillig zur Verfügung und versuchen dadurch zum einen, die vorhandenen Mitarbeiter zu halten bzw. diesen einfach eine angenehmere Atmosphäre zu bieten.

Zum anderen sind Benefits für viele oft ein Anreiz, sich für eine Stelle zu bewerben. Die Companies steigern dadurch also auch ihre Attraktivität und gleichzeitig die Arbeitgebermarke.

Man überlegt ja schon auch, wenn man zwei vergleichbare Unternehmen hat, die beide um einen buhlen, bei welchem es am Ende bessere Leistungen gibt. Wenn die Unternehmen im Wettbewerb zueinander stehen und relativ vergleichbar sind, das eine in einem gesunden Tarif ist und das andere einen Mindestlohn zahlt, liegt die Entscheidung oft auf der Hand.

#Work-Life-Balance

Zeit für Family, die Homies und sich selbst ist wichtig und darf es auch sein. Eine ausgeglichene Work-Life-Balance rückt in den letzten Jahren immer mehr in den Vordergrund.

So gerne die meisten zumindest arbeiten, gehört der Mix zwischen dem Husteln, dem häuslichen Frieden mit dem Partner, Kindern, die spending time mit der Gang oder z.B. auch das Lesen eines guten Buches, Sport or what ever you like zum täglichen Leben.

Was glaubst du, woher der Wandel im Business kommt und die Rufe nach mehr Ausgewogenheit immer lauter wurden? Ob dies nun flexible Arbeitszeitmodelle, Home-Office, Arbeitszeitverkürzungen, ein Sabbatical oder auch die zu Teilen integrierten Kindergärten in großen Firmen sein können. Am Ende versuchen sehr viele Unternehmen, sich den Wünschen der Mitarbeiter anzupassen, um so auch am Markt bestehen bleiben zu können. Die Ausgewogenheit schafft am Ende die Zufriedenheit.

Auf die steigenden Burnout-Statistiken reagieren auch die Companies, und viele der Unternehmen passen ihre Gegebenheiten den Mitarbeiterwünschen an. Viele Companies werben mittlerweile sogar mit einer tollen Work-Life-Balance und bieten zum Beispiel flexible Arbeitszeiten, Home-Office, Bildungsurlaub oder auch die Möglichkeit eines Sabbaticals gezielt an.

#Probezeit

Die Probezeit kann man als gegenseitige Kennenlernphase für den Mitarbeiter und die Company sehen. Ja, nicht nur das Unternehmen will Leistung sehen, sondern auch du darfst gerne auschecken, ob der Babo dort wirklich zu dir passt und sich an Versprochenes gehalten wird.

Die Probezeit in der Ausbildung ist im BBiG geregelt und danach übernimmt dies das BGB. Im Normalfall gilt in der Ausbildung eine Probezeit von mindestens einem und maximal vier Monaten. In Ausnahmefällen wie beispielsweise einer längeren Krankheit kann die Probezeit verlängert werden.

Wenn du vorher schon im Ausbildungsunternehmen mit ähnlichen Tätigkeiten beschäftigt warst, könnte man auch über eine Verkürzung der Probezeit sprechen.

Eine Kündigung in der Probezeit bedarf keiner Angabe von Gründen, dies ändert sich nach dem Bestehen dieser Karenzzeit.

Nach dem Bürgerlichen Gesetzbuch (BGB) ist eine Probezeit bis 6 Monate möglich und auch am weitesten verbreitet.

Auch hier gibt es wieder Lücken bzw. Möglichkeiten, wie eben bei so ziemlich allen Gesetzen. Über irgendetwas müssen Anwälte ja streiten und Richter entscheiden können.

#Performance

Hier sprechen wir von Leistung, die von Companies nur zu gerne messbar gemacht und beobachtet wird. Darin sollte man nicht nur Schlechtes sehen, gerade auch für deine Entwicklung ist eine gewisse Performance-Steigerung richtig und wichtig.

Aber nicht nur Menschen kann man gläsern machen, sondern auch als weiteres Beispiel Systeme, Geräte und und und.

Das Ziel in den Messungen ist meist die Leistungssteigerung zu verbessern, Prozesse zu optimieren und mehr Cash zu regenerieren. Es gibt die unterschiedlichsten Methoden der Leistungsbeurteilung, diese können systemgestützt oder auch einfach auf menschlichen Beobachtungen basieren. Aufpassen sollte man hier allerdings, finde ich, wenn nur noch an Profit und Ressourcensteigerung gedacht und alles dahingehend ausgeschlankt wird, leidet am Ende auch der Mensch darunter. Burnout oder von der Komplettersetzung von Arbeitsplätzen durch Maschinen hört man ja gerne mal.

Ich bin mal gespannt, wann die künstliche Intelligenz den Menschen zum Großteil komplett überflüssig gemacht hat. Wenn dies so schnell weitergeht wie bisher, braucht man gewisse Mitarbeitergruppen wohl bald gar nicht mehr.

Die Berufsgruppen des herrschenden Facharbeitermangels dürften hier allerdings, meiner Meinung nach, wieder in ein besseres Licht rücken und noch mehr gefragt sein. Wohl zumindest in den sozialen Berufsgruppen.

#Innovativ

Innovation, wohl eines der Lieblingswörter im heutigen Company-Slang. Bedeutet so viel wie „unerbittlich an neuen kreativen Ideen, Lösungen, Wegen und bisher unbekannten Erneuerungen zu arbeiten und diese zu etablieren". Im Wesentlichen geht dabei um die Umsetzung von Ideen, wie beispielsweise die Marktdurchdringung mit neuen Produkten, Dienstleistungen oder auch Verfahren.

Ich selbst spreche ja gerne von der wirtschaftlichen Innovationsgeilheit, die leider doch zu oft die wichtigeren Dinge des Lebens hintenanstellt. Immer mehr Cash zu generieren, steht bei vielen meist doch im Vordergrund.

Wenn du das Ganze dann noch agil machst, wächst wohl dem Chef der Ständer bald aus dem Hosenbund. Daran, dass es auch echt viele Power-Ladys in der Führung gibt, siehst du, dass sich auch die Mädels auf ihrem Weg nicht aufhalten lassen. Von daher hab Mut, Sister, die Welt dreht sich immer schneller weiter.

Agil bedeutet von großer Beweglichkeit, regsam und wendig. Genau, Kevin, so ähnlich wie Chantal beim Liebesspiel.

Im Business geht es hier darum, deine Ideen und Projekte nicht nur wie einen Seestern hinzuklatschen, sondern diese so agil wie möglich in der Zusammenarbeit mit anderen Schnittstellen zu gestalten.

#Tracken

Hat nichts mit einer Dragqueen zu tun, wobei die netten Controller von nebenan sich vielleicht über den Titel Trackqueen freuen könnten? Tracking beschreibt einen Vorgang, in dem man die Bearbeitungsschritte und das daraus resultierende Ergebnis sichtbar macht.

Mal wieder Zeit für ein Beispiel? Also gut, dann eine Story aus leider wahren Begebenheiten! Der Chefreporter der Saarbrücker Zeitung, Michael Jungmann, berichtete am 05.11.2020 über folgenden Vorfall:

Der Jugendpastor und Seelsorger G. mit Adresse in Dillingen gehörte der sektenähnlichen Stiftung „Gemeinde ohne Mauern" an.

G. konnte seine Leidenschaft für Minderjährige wohl nicht in seinen eigenen Mauern beruhen lassen und nötigte in rund 50 Fällen jugendliche Mädchen mit sexuellen Handlungen, die angeblich Heilungszwecke hervorrufen sollten.

Wer jetzt noch nicht kotzen musste, darf sich gerne einen Moment Zeit nehmen.

Die Polizei trackte die Vorwürfe und rollte eine breite Untersuchung der zunächst 54 Missbrauchsfälle aus und G. wurde zu guter Letzt wegen des sexuellen Missbrauchs in 52 bestätigten Fällen schuldig gesprochen.

Wisst ihr, was mich am Rechtssystem, in diesem Beispiel, am meisten ankotzt? 4 Jahre und 2 Monate! **Vier Jahre und zwei Monate Haft beantragte die Staatsanwaltschaft!** Über Recht haben und Recht bekommen lässt sich ja gerne streiten.

G. läuft also bald wieder unbekannt durch die Gegend. Ich sehe schon den nächsten Artikel. Wenn Justitia ein versautes Kinderleben mal wie eine Mio. Steuerhinterziehung betrachten würde.

Wenn das kein Dirty-Business ist, weiß ich auch nicht.

Der Jugendseelsorger G. wurde bereits im Jahr 2018 fristlos entlassen und hatte sich auf Druck der Gemeinde hin selbst angezeigt.

Die sektenähnliche Stiftung „Gemeinde ohne Mauern" wurde weitestgehend von Spenden ihrer Mitglieder finanziert und ist in der Zwischenzeit aufgrund des Skandals um G. insolvent.

Der Originalartikel ist unter dem linken QR-Code hinterlegt (abgerufen am 31.01.2021).

Die Sheriffs umgeben sich jeden Tag mit solchen Themen und werden als Dank oft bespuckt. Wenn hier manch einer etwas genauer hinschauen würde, kann man über deren Besoldung dafür wohl auch streiten.

Für heute bin ich durch mit dem Schreiben und gehe jetzt an die Luft.

Passt auf euch auf!

#High Performer / #Low Performer

O.k., anders überlegt, ich performe heute doch noch für euch weiter. Die Runde Joggen tat gut und ich habe mich wieder etwas abgeregt.

Die Übersetzung für Performance aus dem Englischen steht für Durchführung, Aufführung, Darstellung und Leistung. Nichts Anderes ist es, man schaut sich die Entwicklung der Mitarbeiter an und identifiziert recht schnell den fleißigen und ambitionierten Mitarbeiter. Aber eben auch den, der nur das Nötigste macht, dem man ständig alles dreimal erklären muss, und den, der keinen Bock hat.

Ziel jeder Company ist verständlicherweise, die geforderte Leistung aufrechtzuerhalten und motivierte, mitdenkende Mitarbeiter zu beschäftigen. Wenn diese sich dann noch mit der Unternehmensphilosophie verbunden fühlen und kreative Ansätze liefern, läuft alles rund.

Natürlich darf man auch mal einen schlechten Tag haben, wir sind ja alle keine Roboter, aber die Performance fällt längerfristig wohl in den Keller, wenn der Mitarbeiter sich nicht wohl fühlt, Sorgen hat, der Babo kacke ist oder anderes.

In seiner Arbeit aufzugehen und sich abends schon auf morgens zu freuen, klingt vielleicht etwas viel verlangt, aber es ist zumindest für mich keine Seltenheit. Ich hatte schon viele Jobs, die mich irgendwann abgefuckt haben und in denen ich den tieferen Sinn nicht mehr gesehen habe. Dass zu diesem Zeitpunkt meine Performance heruntergegangen ist, ist, denke ich, nicht schwer nachvollziehbar.

Das Wichtige in solchen Momenten ist wohl die Selbstreflexion und dass man sich bewusst wird, was man tun kann, um glücklicher zu werden. Sich dementsprechend Ziele zu setzen und daran zu arbeiten.

Geht nicht, gibt´s nicht. Zumindest in meiner Welt. Ich stand bereits vor vielen Hürden und war am Ende echt krass stolz, nicht lost gegangen zu sein. Wichtig ist es auch, an die Themen ranzugehen, auf die man nicht wirklich Bock hat bzw. die einem schwerfallen. „EINFACH ANFANGEN" und seinen eigenen Schweinehund überwinden ist meist die erste Lösung des Dilemmas.

Klar ist auch nicht immer alles „Friede Freude Eierkuchen", aber man wächst an seinen Herausforderungen. Du weißt nicht, wie du deine Performance steigern kannst oder ob du dies überhaupt willst bei dem, was du tust?

Versuche, die Frage doch im Fantasy-Game zu lösen. Suche nach den Hintergründen und arbeite an der Lösung, künftig zufriedener zu sein.

Reden hilft auch immer, nicht nur mit der Gang, auch ein Gespräch mit deinem Lehrer, deinen Eltern oder dem Babo kann einen Knoten lösen.

#Personalentwicklung

WICHTIG! Bei den meisten Companies rückt, wenn noch nicht geschehen, die Mitarbeiterentwicklung immer mehr in den Vordergrund. Die selbst herangezogenen und aufgebauten Mitarbeiter bzw. auch Führungskräfte sind oft die besten, die man bekommen kann, gerade auch mit dem Blick zum Wettbewerb.

Maßnahmen gibt es echt viele. Welche man nutzt, um die Belegschaft voranzubringen, ist wohl auch von der Mitarbeiterebene teilweise etwas unterschiedlich. Ich fand es immer toll, Potential zu sehen und zu fördern bzw. auch selbst gefördert zu werden. Es ist einfach ein gutes Gefühl, Stärken zu stärken oder eben auch Hürden zu überwinden und Wissen aufzubauen. Ob dies nun immer gleich in einer Fort- oder Weiterbildung enden muss, ist nicht zwingend gesagt. Gerade die Persönlichkeitsentwicklung von jungen Menschen kann in kürzester Zeit enorm sein.

Sprich doch mal mit deinem künftigen Babo, wenn du merkst, es juckt dir in den Fingern und du willst dein Wissen in einem gewissen Bereich aufbauen. Wenn sich deine Ziele mit deiner Position oder vielleicht irgendwann deinem Aufstieg innerhalb der Firma treffen, hast du gute Chancen, hier Hilfe zu bekommen. Und wenn die Träume in eine andere Richtung gehen oder der Geizbabo nichts rausrücken sollte, gibt es für etliche Weiterbildungen staatliche Hilfe und auch Bildungsurlaub.

Je nach Company brauchst du aber auch nicht immer zu fragen und du wirst von ganz alleine an die Hand genommen und geschult. Der Übergang von der Schule ins Business wird zunächst schon etwas merkwürdig sein und viele neue Menschen, Aufgaben und Umgebungen kommen auf dich zu.

Hab Mut und geh den Weg einfach mit.

Du hast die Stelle nicht umsonst bekommen, sondern weil dein Gegenüber im Vorstellungsgespräch auch in dir Potential gesehen hat. Es ist noch kein Meister vom Himmel gefallen und ich habe auch noch niemanden kennengelernt, der seine Weisheit morgens zum Frühstück löffelt.

@Kevin: Hast du auch noch einen passenden Spruch auf Lager?

... wir kochen alle nur mit Wasser!

Sehr gut Digga, aber manchmal kann man selbst den Herd auch eine Stufe höherdrehen.

#Ziele

Ziele sind wichtig, ob privater oder beruflicher Natur. Es gibt sogenannte Zielvereinbarungen, die im Business gerne und oft eine Rolle spielen. Ähnlich wie im Ausbildungsrahmenplan werden in solch einer Vereinbarung meist zu Beginn eines neuen Jahres verschiedene Ziele festgehalten, die der Mitarbeiter verfolgen bzw. umsetzen soll.

Die Ziele oder das Ziel sollte in Teilabschnitte (Meilensteine) aufgeteilt sein, um auch den Fortschritt beobachten zu können.

Es gibt weiche und harte Ziele und Ziele, die immer SMART, also spezifisch, messbar, akzeptiert, realistisch und terminiert sein müssen.

Beispiel eines harten Ziels:

Esra arbeitet bei Edeka in Hamburg und ist aktuell im Kassenbereich eingesetzt. Edeka möchte gerne ein besonderes Produkt stärker bewerben und Esra soll dies mit vorantreiben und das Produkt beim Abkassieren zusätzlich anbieten.

Esra findet, dies ist machbar und der Zusatzverkauf von 20 Einheiten des Produkts am Tag ist nicht utopisch.

Ihre Chefin und sie setzen sich zur Mittagszeit kurz zusammen und schauen einmal, wie viel Zusatzverkäufe schon über die Kasse zur Halbzeit gingen. Über das Kassensystem wird der Produktverkauf mit Leichtigkeit messbar.

Der Zusatzverkauf ging Esra leicht von der Hand und ihr gelang es sogar, 25 zusätzliche Produkte an einem Tag erfolgreich zu verkaufen. Sie hat somit eine Zielerreichung von 125 % und wurde als Dank Mitarbeiterin des Monats.

Beispiel eines weichen Ziels:

Rudi und Hasan sollen zusammen an einem Projekt arbeiten, das Ziel des Projekts ist die Identifikation von fünf Möglichkeiten zur Steigerung des Teamzusammenhalts und diese in einem Maßnahmenplan bis Ende des Jahres vorzustellen.

Da eine Arbeitsverweigerung für beide nicht in Betracht kommt, nur weil sie sich nicht mögen, und dies wohl auch weitreichendere Konsequenzen hätte, setzen sie sich eben zusammen und das Brainstorming beginnt. Sie erarbeiten mehrere Vorschläge und legen diese dem Babo vor.

Als Ideen hatten sie Gruppenarbeiten, ein Kletterwald-Teambuilding, einen gemeinsamen Pausen-Azubi-Tisch zum Mittagessen, eine Azubi-Party und das Anstreben einer respektvollen Kommunikation und Feedbackkultur untereinander.

Der Babo war überrascht, dass die Herren es geschafft haben, konstruktive Vorschläge zu erarbeiten und sich nicht gegenseitig an die Gurgel zu gehen.

Vielleicht war dies ja aber auch schon das erste wichtige Ziel!

Wie macht man nun Sozialverhalten und teamorientiertes Handeln messbar? Etwas schwieriger, gell? Geht aber, so könnte man es angehen:

- Gruppenarbeit = erste Termine wahrgenommen, alle waren pünktlich

- Die aus den Treffen resultierenden E-Mails der Kollegen innerhalb von zwei Tagen alle beantwortet

- Keine Kritik ohne positiven Neuvorschlag

- Arbeit aus anderen Bereichen erkannt und übernommen

Eine Gehaltsverhandlung auf der Grundlage von bereits erreichten Zielen zu führen, ist oft ein guter Nenner, um zu punkten. Auf jeden Fall besser als weinerlich die gestiegenen Lebenshaltungskosten, den Wunsch nach einem eigenen Auto oder die eventuelle Arbeitslosigkeit des Partners ins Spiel zu bringen.

Bei solchen Benennungen wirst du wohl recht schnell beim Babo abblitzen, es geht immer um deine eigenen Leistungen als Grundlage und nicht um äußere Einflüsse.

#KPI (Key-Performance-Indicator)

Dies sind Leistungskennzahlen. Zur besseren Verinnerlichung nehme gerne das Beispiel von Esra, sie sollte 20 Zusatzprodukte verkaufen und wurde hieran gemessen.

Am Ende hatte sie 125 % Zielerreichung.

Weiter sollten Rudi und Hasan 5 Vorschläge mit Möglichkeiten zur Steigerung des Teamzusammenhalts erarbeiten.

Gerne legt man auch Prozessschritte mit KPIs fest, das bedeutet:

Nehmen wir deinen Prozess in der Schule. Von Beginn an hast du Unterrichtsziele, die dich laut Rahmenlehrplan zu einem Schulabschluss führen sollen. Während dieser Zeit ist dein Unterricht mit Dauer und Inhalt getaktet. Du gehst den Weg von der ersten bis zur Abschlussklasse. Du schreibst in dieser Zeit Arbeiten und musst am Ende einen Abschlusstest schaffen, um den finalen Abschluss zu erlangen. Der Ablauf ist daher auch in einzelne Schritte und Ziele aufgeteilt.

KPIs sind die Kennzahlen, die Leistungen in Abschnitten messbar machen. Bei einer Tätigkeit im Vertrieb erhält man oft auch eine Provision auf seine Leistungen/Umsätze.

#Brutto vs. Netto

Das Bruttogehalt ist in zwei Teile gesplittet, Jahres- und Monatsbruttogehalt, bzw. man spricht im Allgemeinen über diese zwei Varianten.

Von dem Bruttogehalt sind noch sämtliche Steuern und Sozialabgaben, wie u.a. Lohnsteuer, ggf. Kirchensteuer, Solidaritätszuschlag, und die Beiträge für Versicherungen, wie z.B. Renten-, Kranken-, Pflege- und Arbeitslosenversicherung, abzuziehen.

Das Nettogehalt ist dann das Cash, dass tatsächlich auf deinem Konto landet. Wie viel Netto bleibt nach den ganzen Abzügen noch? Dies ist unterschiedlich, durch das Steuerklassensystem und die verschiedenen Krankenkassenbeiträge ist es möglich, dass zwei gleich verdienende Mitarbeiter ein völlig unterschiedliches Nettogehalt beziehen.

Die Lohnsteuerklassen sind aufgeteilt von 1–6.

In diese kann z.B. einfließen, ob du (1) ledig/getrennt/geschieden, (2) alleinerziehend, (3) Besserverdiener verheiratet, (4) Gleichverdiener verheiratet, (5) schlechter Verdienender verheiratet bist oder (6) Zweit- bzw. mehrere Nebenjobs hast.

Falls du schon ein oder mehrere Kids haben solltest, gibt es auch einen Kinderfreibetrag bzw. Kinderfreibeträge, mit denen du bei den Abzügen ein wenig bessergestellt bist.

Mit dem Arbeitgeber sprichst du immer über das Bruttogehalt und meistens über ein Jahresbruttogehalt! Das Jahresbruttogehalt kann sich aus recht vielen Gehaltsbestandteilen zusammensetzen und ist nicht immer einfach durch 12 Monate zu teilen. Sonderzahlungen, wie z.B. Weihnachtsgeld, Urlaubsgeld, und geldwerte Vorteil, z.B. Geschäftswagen oder auch das Fahrrad, sind immer mehr verbreitet.

Wenn du die Werte deiner Ausbildungsvergütung gefunden hast, kannst du dich eigentlich in 99,99 % der Fälle darauf verlassen, dass dies die reinen Monatsbruttoangaben sind und du dich noch auf zusätzliche Sonderzahlungen freuen darfst.

Checke den QR-Code, ich habe dir dort einen Rechner verlinkt.

Beispielrechnung Adam in der Ausbildung

Adam ist ledig, zahlt Kirchensteuer, hat keine Kinder, zahlt einen Standardkrankenkassensatz und erhält im ersten Ausbildungsjahr ein Bruttomonatsgehalt von **1.100,00 €**.

Ergebnis	Monat	Jahr
Brutto:	1.100,00 €	13.200,00 €

Steuern

	Monat	Jahr
Solidaritätszuschlag:	0,00 €	0,00 €
Kirchensteuer:	0,17 €	2,04 €
Lohnsteuer:	2,16 €	25,92 €
Steuern:	2,33 €	27,96 €

Sozialabgaben

	Monat	Jahr
Rentenversicherung:	102,30 €	1.227,60 €
Arbeitslosenversicherung:	13,20 €	158,40 €
Krankenversicherung:	85,25 €	1.023,00 €
Pflegeversicherung:	16,78 €	201,30 €
Sozialabgaben:	217,53 €	2.610,30 €
NETTO:	**880,15 €**	**10.561,74 €**

Kalkulation by www.brutto-netto-rechner.info

Beispielrechnung Adam nach der Ausbildung

Adam ist ledig, zahlt Kirchensteuer, hat keine Kinder, zahlt einen Standardkrankenkassensatz und erhält das Mindestbruttomonatsgehalt als Pflegefachkraft von **2.600,00 €**.

Ergebnis	Monat	Jahr
Brutto:	2.600,00 €	31.200,00 €

Steuern

	Monat	Jahr
Solidaritätszuschlag:	17,07 €	204,84 €
Kirchensteuer:	20,84 €	298,08 €
Lohnsteuer:	310,50 €	3.726,00 €
Steuern:	352,41 €	4.228,92 €

Sozialabgaben

	Monat	Jahr
Rentenversicherung:	241,80 €	2.901,60 €
Arbeitslosenversicherung:	31,20 €	374,40 €
Krankenversicherung:	201,50 €	2.418,00 €
Pflegeversicherung:	39,65 €	475,80 €
Sozialabgaben:	514,15 €	6.169,80 €
NETTO:	1.733,44 €	20.801,28 €

Kalkulation by www.brutto-netto-rechner.info

Wie kommt Adam über die Runden?

Adam hat also ein Nettomonatseinkommen von rund **1.733,44 €** zur Verfügung und zahlt hiervon sämtliche Ausgaben.

Aufschlüsselung

Miete: **60 qm** x **8,00 €** = **480,00 €** + Einbauküche **50,00 €** + Stellplatz **35,00 €** = **565,00 €**

Nebenkosten: (Heizung, Wasser und sonstige Anteile) = **170,00 €**

Strom: (meistens separat abzuführen) = **50,00 €**

Lebensmittel: (Essen, Getränke all in) = **200,00 €**

Benzin: (fährt auch gerne mal Freunde rum) = **150,00 €**

Versicherungen: (Hausrat, Haftpflicht, Unfall, Auto) = **120,00 €**

Handyrechnung: (cooles Smartphone machbar) = **40,00 €**

Vereinskosten: (Kirchenchor) = **35,00 €**

Klamotten: (etwas Nettes möglich) = **100,00 €**

Gesamt: = **1.430,00 €**

Einkommen **1.733,44 €** – **1.430,00 €** = **303,44 €** zum Sparen bzw. Rücklagen bilden und/oder Party

Die Zahlen habe ich rein aus meinen Erfahrungen zusammengestellt, da man im Internet auf jeder zweiten Seite andere Beträge findet und am Ende die Meisten trotzdem nur jammern. Unterscheiden werden sich diese wohl, im Endeffekt geht es darum, dass du mit deinem Einkommen haushaltest und dies ist in Adams Fallbeispiel machbar.

Gerade Mietpreise können je nach Region bzw. Stadt und Stadtteil sehr schwanken.

Wenn du Raucher bist, nur die teuersten Markenklamotten kaufen solltest oder eine Luden-Karre fährst, brauchst du eben eine kleinere Wohnung oder musst bei den Eltern, in einer WG bzw. mit deinem/r Partner/in zusammenwohnen.

Je nach Höhe deiner eventuellen Sonderleistungen (Gehalt), denke auch an deinen Urlaub und unvorhergesehene Dinge, wie z.B. Reparaturen oder auch Neuanschaffungen für deine Wohnung bzw. Sonstiges!

Bleib realistisch, ich finde, ich war in Adams Kalkulation, zu dem Zeitpunkt 19 Jahre alt, nicht geizig.

Denke vielleicht auch mal an die, die bereits ihr ganzes Leben gearbeitet haben und nur **1.000,00 €** Rente erhalten oder früh Kinder bekommen haben.

Du denkst, selbst schuld? – Mach bloß kein Harakets, denn dann hast du es noch nicht gecheckt!

#Berufsausbildungsbeihilfe (BAB)

Die BAB ist u.a. ein geschmeidiges Zusatzcash von pauschal **325,00 €** für diejenigen, die selbstständiger werden möchten und sich trauen, sich von Annes bzw. Muttis Rockzipfel abzukapseln.
Du willst deinen eigenen kleinen Palast mieten, aber der Blick auf die Cash-APP lässt deine Träume platzen?
Dann prüfe doch einmal deine Förderoptionen über die Agentur für Arbeit.

- Wenn du an einer berufsvorbereitenden Bildungsmaßnahme (BvB) teilnimmst oder

- Deine Ausbildungscompany liegt im Nirwana und der Pendelweg von deiner Wohnhaft bei den Eltern ist daher nicht machbar oder

- Du machst deine Ausbildung, bist ü18, verheiratet beziehungsweise nicht schatzlos und lebst mit diesem zusammen oder

- Du machst deine Ausbildung, hast schon mind. ein Kind und lebst nicht mehr in der Wohnung deiner Eltern.

- Checke auch mal die Page von AUSWÄRTS ZUHAUSE – „Jugendwohnen", echt feine Sache!

Check it out und erfülle dir deinen Traum. Den Antrag und weitere Informationen findest du in den QR-Code Verlinkungen.

#End-to-End

Diese Bezeichnung beschreibt einen Vorgang, Zyklus eines Prozesses vom Anfang bis zum Ende inkl. der Zwischenstationen. Du hast deine Schulzeit z.B. End-to-End hinter dir mit dem Erhalt deines Abschlusszeugnisses.

Du kannst auch End-to-End kacken gehen. Der Vorgang beginnt dann z.B. beim Öffnen der Badezimmertür, geht über das Hochklappen des Klodeckels, dem Pressen beim Abseilen, Abputzen, Spülvorgang, Bürsten bis zum Händewaschen, so Gott will.

Der Begriff wird im Business gerne benutzt und beschreibt in jeglicher Hinsicht und als Überbegriff die Bearbeitungsvorgänge, die von dem Anfang bis zum Ende innerhalb der Company, einer Abteilung oder auch eines einzelnen Mitarbeiters durchgeführt werden.

Du suchst nun nach einem Job, orientierst dich erst, triffst deine Berufswahl, erstellt deine Unterlagen und bewirbst dich.

Du führst Vorstellungsgespräche und nimmst gegebenenfalls an Einstellungstests teil.

Den Arbeitsvertrag besprichst du und unterschreibst ihn.

Weiter bereitest du die Unterlagen für dein Onboarding vor.

Wenn die genannten Abläufe abgeschlossen sind, ist dein Prozess der Ausbildungssuche End-to-End abgeschlossen.

#Prozess

Unter einem Prozess versteht man die Vorgänge innerhalb eines Systems, in dem Ablauf meines beschriebenen End-to-End-Prozesses gehst du selbstständig und allein kacken.

Man kann sich Prozessschritte aber auch teilen.

Nehmen wir nochmal das Beispiel vom Klogang, nur diesmal macht dein Opapa das Geschäft und kann sich selbst nicht immer allein helfen. Aufs Klo laufen schafft er selbst, den Klodeckel musst bitte du öffnen und ihm beim Hinsetzen helfen. Den eigentlichen Akt des Abseilens kann er wieder selbstständig, beim Abputzen kommst du wieder ins Spiel usw.

Prozesse können sehr langwierig sein, von der Geburt bis zum Tod. Oder dir geht jemand auf den Sack und du machst kurzen Prozess. Companies arbeiten stetig an der Prozessoptimierung, heißt, sie wollen die Abläufe schneller machen.

Rudi arbeitet als Mechaniker auf der Baustelle, er hat jeden Morgen ein Teammeeting, in dem besprochen wird, was am jeweiligen Tag zu tun ist. Nach einer Weile weiß Rudi allerdings genau, was er tun muss, um seine Arbeit fertigstellen zu können, und kennt auch seine Kollegen gut, die ihn dabei ggf. unterstützen. Er braucht das tägliche Meeting gar nicht und dies ist eigentlich Zeitverschwendung. Er spricht dies beim Babo an, da er auch schon von anderen Kollegen gehört hat, dass das einfach nur zeitraubend und nervig ist. In einem großen Meeting besprechen das alle Mitarbeiter, die an der Abarbeitung der Baustelle beteiligt sind, und es geht daraus hervor, dass jeder weiß, was er zu tun hat. Der Babo streicht vorerst das tägliche Meeting und setzt dieses nur noch einmal die Woche an. Er beobachtet natürlich, ob jeder klarkommt und ob die Meeting-

Optimierung richtig war. Wenn es nicht klappen sollte, kann er dies ja auch wieder rückgängig machen.

Kevin ist achtzehn geworden, er ist jetzt volljährig und darf nun seine Entscheidungen selbst treffen, er muss nicht alles mit Mami und Papi besprechen. Dieser Entscheidungsweg ist nun auch optimiert. Für seinen ab nun eventuell verursachten Mist muss er sich aber auch ggf. in einem Gerichtsprozess selbst verantworten.

Oder nimm mich als Beispiel, als vorausschauendem Alman macht man mir im Urlaub auch nichts beim Sonnenstuhl reservieren vor. Da müssen selbst die Rentner ihre Prozesse anpassen, wenn sie den besten Platz vor mir einsacken wollen.

Ein Prozess hat immer einen Anfang und ein Ende.

DER FRÜHE ALMAN FÄNGT DEN WURM:

#Home-Office

Freizeitorientierte Schonhaltung, allgemeines Fermentieren oder doch 24/7 am Hustlen?

Die Arbeit aus dem Home-Office ist gerade in der kaufmännischen Welt keine Seltenheit mehr und rückt immer mehr in den Fokus. Auch die Coronapandemie hat dazu beigetragen und viele arbeiten hauptsächlich wegen der Kontaktbeschränkungen von zuhause aus. Die Companies haben hier natürlich zu Teilen auch gleich daraus gelernt und es wird in naher Zukunft mehr HO-Worker geben. Die voranschreitende Digitalisierung macht dies in vielen Berufsfeldern möglich und Bürokosten können dadurch clever eingespart werden.

Für die Arbeit aus dem HO gibt es wie immer nicht nur Vor- sondern auch Nachteile, die es zu bedenken gibt.

Vorteile könnten klar die Flexibilität der Mitarbeiter sein, ob dies ggf. die Zeiteinteilung betrifft oder auch in Richtung der Work-Life-Balance geht, ist beides denkbar.

Ich arbeite gerne im HO, gerade wenn es um das Finden und Erstellen von strategischen Arbeiten geht. Ich habe zuhause mehr Ruhe als im Büro. Dies muss natürlich jeder für sich selbst beurteilen. Mir fällt aber auch gerne die Decke auf den Kopf und auch die Kontakteinschränkungen zu meinen Kollegen sind nicht immer toll. Man kann hier also auch etwas vereinsamen.

Bedenken gibt es auch zum Thema Selbstdisziplin, diese ist im HO nämlich wichtig, die Couch und der TV können an Tagen, an denen man mal nicht so Bock hat, schon einen gewissen Reiz haben.

Am besten ist es, wenn man sich einen festen Arbeitsplatz einrichtet, nee nicht auf der Couch. Ich bin hier nicht das beste Beispiel, ich gebe es zu, und arbeite fast nur auf der Couch im HO.

Die Glotze oder sonstige Störelemente sind aber tabu.

Mein Rücken dankt es mir auch nicht, aber da meine Herrin gerade auch viel im HO ist, fehlt es manchmal ein wenig an Platz und Rückzugsmöglichkeit, wenn wir beide Telkos haben.

Im Sommer war es ganz geil, denn ich habe das Glück, einen Garten zu haben, und arbeite von daher auch viel unter freiem Himmel. Apropos Garten, da fällt mir eine kleine Geschichte ein, die euch bestimmt gefallen wird. Ich mache eigentlich immer einen kleinen Morgenspaziergang mit Kaffee und Kippe –, jo ich rauch, Scheißzeug – durch den Garten. Der Absprung von der Sucht ist geplant.

Ich wohne in unmittelbarer Nähe einer Schule, deswegen mag ich euch heranwachsenden Quälgeister vielleicht auch so. Auf jeden Fall machte ich eines schönes Morgens – glücklich den Sonnenaufgang betrachtend und nichtsahnend, was gleich geschehen wird – meinen persönlichen „Walk of Fame" durch den Garten. Ich liebe die Ruhe morgens, wenn die Welt noch schläft, bin aber auch wie schon kurz erwähnt Frühaufsteher.

Plötzlich wurde meine Ruhe allerdings gestört und neben einem leisen, klatschenden Geräusch hörte ich tierähnliche Laute. Der Spürhund in mir war geweckt und ich nahm die Verfolgung auf und näherte mich dem immer lauter werdenden Getöse. Bei dem Blick durch die Hecke ergab sich das Bild und auch die Geräuschkulisse machte nun einen Sinn. Im Doggy-Style hinter einem großen Baum vergnügten sich doch tatsächlich Pickeldy und Frederick bei einem Morgen-Quicky vor Schuleröffnung.

#Initiativbewerbung

Die Initiativbewerbung ist eine Bewerbungsform, in der du dich nicht gezielt auf eine offene Stelle bewirbst. Dies bedeutet, du wirst ggf. auf deine Wunschcompany aufmerksam, aber findest kein Praktikums-, Ausbildungsplatz- oder sonstiges Stellenangebot, das gezielt auf deine Suche passt. Hier kannst du dann gerne eine Initiative starten und dein Interesse an einer Zusammenarbeit auch auf diese Art bekunden.

Es ist keine Seltenheit, dass sich Bewerber über alle Anstellungsebenen auf diese Art initiativ bewerben.

Achte aber bitte darauf, dass auch wirklich keine passende Stelle für dich auf der Karriere-Seite der Firma ausgeschrieben ist.

Nicht jede Firma hat die Kapazitäten, deine Initiativbewerbung sorgfältig zu prüfen, und sagt dir ggf. auch einfach ab.

Größere Unternehmen haben oft sogar einen Bewerberpool und pflegen diesen mit Bewerbern, die für spätere Stellenbesetzungen interessant sein könnten.

Oft findet man auf den Karriere-Seiten bzw. Landingpages der Companies auch besondere Vermerke für die Initiativbewerbung.

Gerade bei einer Initiativbewerbung solltest du dein Interesse an dem Unternehmen in deinem Bewerbungsanschreiben klar darstellen und auch den Zeitpunkt deiner Verfügbarkeit angeben.

#Ausbildungsrahmenplan

Der Ausbildungsrahmenplan in Germany ist generell Bestandteil einer Ausbildungsordnung, klingt wichtig, oder?

Ist es auch, nach dem Berufsbildungsgesetz ist dieser rechtsverbindlich einzuführen, bevor man den jeweiligen Beruf erlernen kann.

Das Gesetz definiert u.a. das Berufsbild der zu vermittelnden beruflichen Fertigkeiten, Kenntnisse und Fähigkeiten, die mindestens Bestandteil einer Berufsausbildung sein müssen.

Des Weiteren legt die Ausbildungsverordnung bundeseinheitliche Standards für die duale Berufsausbildung fest.

Hieraus entsteht die Anleitung des Ausbildungsrahmenplans zur sachlichen und zeitlichen Gliederung.

@Chantal: Gecheckt?

Klaro:

„Der Ausbildungsrahmenplan gibt vor, was du in deiner Ausbildung lernen sollst, und dies beinhaltet auch die verschiedenen Stationen z.B. Abteilungen in der Company, die du durchläufst, oder auch den Besuch der Berufsschule.

Du wanderst in deinem Ausbildungsbetrieb daher in zeitlichen Abständen über bspw. verschiedene Abteilungen hinweg und ertränkst dein schwammartiges Brain hoffentlich mit Wissen.

Der Ausbildungsrahmenplan bildet die Grundlage für deinen Arbeitsvertrag"!

... Perfekt!

#Datenschutz

Unter Datenschutz wird primär der Schutz von personenbezogenen Daten vor missbräuchlicher Verwendung und Datenverarbeitung verstanden.

Dazu zählen auch der Schutz des Persönlichkeitsrechts und der Privatsphäre sowie das Recht auf informelle Selbstbestimmung.

Syndi, die alte Tinderella, konzentriert ihren Traffic den ganzen Tag nur auf das Swipen, und ihre Eltern werden langsam echt aggro, da sie sich nicht mit gleicher Performance um ihre Bewerbungen kümmert.

Da Syndi ihr Handy mit dem Leben verteidigt, ruft ihr Papa bei der Anbieter-Hotline an und will ihren Account sperren lassen.

Eine nette Dame am Telefon erklärte Papa dann allerdings, dass sie, da Syndi mittlerweile ü18 ist, weder für ihn schauen kann, ob Syndi ein Profil hat, noch dieses – falls überhaupt vorhanden – löschen könne.

Während deines Bewerbungsprozesses wirst du wohl etliche Datenschutzzustimmungen vornehmen müssen.

Durch die Änderungen in der Datenschutzgrundverordnung u.a. vom 25.05.2018 ist eine ganz schön große Lawine auf Verbraucher und Companies losgerollt.

Für deinen Bewerbungsweg möchte ich dir hierzu den Tipp geben: Prüfe bitte genau, welchen Genehmigungen du bei deinen Bewerbungen zustimmst und welchen nicht.

Im Fokus meine ich hier die Eingrenzungen der Reichweite und die damit verbundene Erlaubnis, deine Unterlagen innerhalb des

Unternehmens an Kollegen weiterzugeben bzw. auch dir ggf. weitere passende Stellen anzubieten.

Ein falscher Klick und du bist für weitere Stellen, die zu dir passen könnten, von anderen teilbereichsbetreuenden Mitarbeitern in der Personalgewinnung, die ggf. sogar am selben Tisch sitzen, nicht mehr sichtbar.

#Vorstrafe

Mal wieder ein Hashtag mit etwas Bums hintendran.

Also die Kleinkriminellen unter euch, die schon eine rechtsgültige Verurteilung kassiert haben, sollten aufpassen!

An den Rest, Lob und Anerkennung. Wollte ich nur kurz erwähnt haben. Oder bist du nur nicht erwischt worden?

Egal, weiter, zu einem Dilemma zwischen Vorstrafe und dem Business könnte es kommen, aber muss es auch nicht.

In vielen Fällen und falls du eben nur eine kleinere Jugendsünde begangen haben solltest, wird diese wieder gelöscht oder erst gar nicht im Bundeszentralregister eingetragen.

Kein Eintrag im Bundeszentralregister bedeutet auch kein Eintrag im Führungszeugnis.

Kein Eintrag erfolgt z.B., weil deine Dummheit mit einer Erziehungsmaßregelung nach §9 Jugendgerichtsgesetz (JGG) oder Zuchtmittel nach §13 JGG bestraft wurde.

Im Register eingetragen werden hingegen Verurteilungen zu einer Jugendstrafe, auch wenn diese auf Bewährung ausgesetzt wird, sowie eine Feststellung der Schuld des Jugendlichen nach §27 JGG.

Im Führungszeugnis tauchen die Verurteilungen nach §27 JGG unter anderem aber nicht auf.

Mehr Infos dazu gebe ich dir nicht an die Hand, da ich zwar nicht mit Kanonen auf Spatzen schieße, aber euch auch keine Anleitung zum Scheiße bauen geben werde.

Aber einen Lichtblick für die verurteilten Herrschaften unter meinen Lesern gibt es schon auch.

Gelöscht werden die Einträge hier auch wieder, und zwar je nach Gangsterwesen bzw. Schwere nach 5 bis 10 Jahren.

Mit denen, die sich immer noch nicht zusammenreißen können, habe ich nur wenig bis gar kein Mitleid. Sorry Digga, aber so wird's halt nix.

Nicht jede Company will ein Führungszeugnis sehen, also braucht der ein oder andere sich bitte nicht gleich abschreiben.

Die Gangster unter euch können ihr Führungszeugnis an der Meldestelle des Wohnsitzes oder auch online beantragen.

Der „Walk of Shame" à la Game of Thrones wird dir durch die postalische Zusendung erspart.

Aber denke doch bitte an mich, beim Öffnen des Briefes, wie ich für dich die Glocke läute!

Projekt

Du wirst in der Schule, denke ich, schon die ein oder andere Projektarbeit bzw. Projektaufgabe erhalten haben und bist so deren Bedeutung ggf. etwas näher gekommen.

Ein Projekt ist auf jeden Fall immer ein zielgerichtetes und einmaliges Vorhaben.

Du kannst ein Projekt leiten oder auch in einem Projektteam Mitglied sein.

Es gibt trotz der Aussage, dass ein Projekt einmalig ist, auch wiederkehrende, z.B. jährliche, Projekte.

Während eines Projekts gibt es u.a. zu klären, welche Tätigkeiten unter der Berücksichtigung der Vorgaben, wie etwa dem Zeitrahmen, den Ressourcen (z.B. Kosten, Personal, Arbeitsbedingungen und Betriebsmittel), zur Verfügung stehen, um ein qualitatives Ziel zu erreichen.

Das Ziel eines Projektes in der Ausbildung könnte die jährliche Azubi-Sprecherwahl sein.

Nehmen wir an, Kevin erhält von seinem Ausbilder die Aufgabe, die Wahlen voranzutreiben und einen Maßnahmenplan zu erstellen.

Er setzt als Erstes einen Termin an, an dem alle Azubis und auch vorerst noch der Ausbilder teilnehmen, hier werden die Anforderungen der Aufgaben besprochen.

Kevin ist der Hauptkoordinator, also der Projekt-Babo, und arbeitet mit den weiteren Azubis an der Umsetzung.

Das Ziel ist klar, ein Sprecher und ein Stellvertreter müssen gefunden und gewählt werden.

Alle Azubis werden für die Bearbeitung der Wahlthemen für die nächsten 4 Wochen einmal die Woche für einen halben Tag von ihrer normalen Arbeit freigestellt, um sich dem Thema widmen zu können.

Die Ressourcen sind ebenfalls klar, Arbeitsmaterial bekommen die Azubis vom Betrieb zur Verfügung gestellt.

Die Team- bzw. Azubi-Kollegen bilden die personelle Ressource, für die Arbeit an den Wahlen erhalten die Azubis ein eigenes Büro, in dem sie ihre wöchentlichen Termine laut Projektfreistellungsvereinbarung nutzen können.

Nun erfolgt die Aufgabenverteilung innerhalb des Projektteams und es kann losgehen.

#USP (Unique Selling Proposition)

Dir dürfte bereits aufgefallen sein, dass viele Wörter bzw. deren Abkürzungen, die ich dir im Business-Slang an die Hand gebe, auf Englisch sind.

Dies liegt wohl an der zunehmenden Amerikanisierung des Business. Selbst zur Jugendsprache sind die englischen Begrifflichkeiten ja schon vor langer Zeit übergeschwappt.

Dies sollte dich aber auch nur insofern abschrecken, als dass du je nach deiner Wunschtätigkeit und der eventuell internationalen Aufstellung deiner Wunsch-Company deine Sprachkenntnisse ausbauen solltest oder eben musst.

USP ist die Abkürzung für Unique Selling Proposition und bedeutet übersetzt Alleinstellungsmerkmal.

Ein Alleinstellungsmerkmal hat nicht jede Firma, aber die meisten sind bestrebt, sich eines aus Marketinggründen zu erarbeiten und sich damit von ihrem Wettbewerb abzuheben.

Beispiele könnten in einem breiten Wettbewerb die Marktführerschaft sein oder der bestausgezeichnete Ausbildungsbetrieb des Jahres usw.

Vielleicht hat das Unternehmen aber auch ein innovatives Produkt entwickelt, das noch keine andere Company hat oder in gleicher Vielfalt vertreibt.

#Gehaltsvergleich

Money and the Power!

Denke bitte beim Stöbern auf der verlinkten Page daran, dass Geld allein nicht glücklich macht.

Da ich dazu aber im Buchverlauf bereits genug gesagt habe, nerv ich dich nun dazu nicht weiter und wünsche dir viel Spaß beim Vergleichen!

#Schul- und freiwillige Praktika

Das Schulpraktikum unterscheidet sich von einem freiwilligen Praktikum zwar nicht wirklich von den Inhalten bzw. Tätigkeiten her, allerdings gehen die beiden Versionen rechtlich stark auseinander.

Während das Schulpraktikum ein fester Bestandteil der Schulverordnung ist und du, wie du dich erinnerst, auch schulpflichtig bist, hast du versicherungsrechtlich und auch finanziell verschieden geregelte Formen.

Die Hauptmerkmale fasse ich dir gerne zusammen:

Schülerpraktikum

- Keinen Anspruch auf Vergütung
- Keinen Anspruch auf Urlaubstage
- Keinen Anspruch auf ein Arbeitszeugnis
- Unfallversicherung über den jeweiligen Träger des Bundeslandes
- Aus Kulanz bietet dir aber ggf. ein Betrieb auch Abweichungen hierzu an

Freiwilliges Praktikum

- Anspruch auf Vergütung
- Anspruch auf Urlaubstage
- Anspruch auf ein Arbeits- bzw. Praktikumszeugnis
- Unfallversicherung über deine Eltern oder eine eigene

Freiwillige Praktika können allerdings auch von dem Mindestlohn ausgenommen sein, wenn diese u.a. der Berufs- oder

Hochschulausbildung zur Orientierung dienen und nicht länger als drei Monate gehen.

Achtung: Bei überlappenden Schülerpraktika, die über die Schulveranstaltung hinaus und beispielsweise in die Schulferien münden, wechselt die Rechtsgrundlage eines Schülerpraktikums in ein freiwilliges Praktikum inkl. aller Rechte und Pflichten!

Beachte hier bitte ganz genau die Regelungen in deinem Praktikumsvertrag.

#Betriebsrat

Der Betriebsrat bzw. Personalrat (öffentlicher Dienst) wird u.a. mit dem Oberbegriff „Arbeitnehmervertretung" bezeichnet und ist für die Interessensvertretung der Arbeitnehmer zuständig.

Der Betriebsrat/Personalrat kann generell in Betrieben ab 5 Mitarbeitern gewählt werden und ist in vielen Geschäftsprozessen mit einzubeziehen.

Er verfügt über Mitwirkungs-, Informations- und Mitbestimmungsrechte und ist regelmäßig vor personellen Geschäftsentscheidungen anzuhören.

Die „To-do-Latte" ist hoch und je größer eine Company ist, umso häufiger findet man auch hauptberufliche Betriebsräte bzw. Personalräte, die den ganzen Tag nichts anderes machen.

O.k., ich kenn den ein oder anderen, der außerdem noch öfter für ein leeres Kaffeebohnenlager Sorge trägt, aber eine Hand wäscht die andere und es sei ihnen gegönnt.

Die Rechte und Pflichten eines Betriebs- bzw. Personalrats findet man im Betriebsverfassungsgesetz und da der Paragrafen-Dschungel auch hier eine gigantische regenwaldartige Fläche bietet, nenne ich nur ein paar Aufgaben der Mitbestimmungsrechte.

Dieser ist also u.a. bei Einstellungen, Versetzungen und Kündigungen anzuhören.

Es gibt in Companies sehr stark positionierte und manchmal auch eher geschäftsführungshörige Betriebs- bzw. Personalräte.

Ob du den Hulk oder Lauch erwischt hast, gilt es im Zweifel rauszufinden.

Rechtlich gesehen verfügen die Herrschaften über sehr viele Möglichkeiten, für die Mitarbeiter einzustehen.

Wenn du ein Wehwehchen haben solltest, dann geh im Zweifel doch lieber einmal zu viel bei ihm vorbei und frage nach, ob er dir bei deinem Anliegen helfen kann.

So oft wird der Schuh hoffentlich schon nicht drücken und dein Ausbilder ist ja auch noch da!

#Lebenslauf

Curriculum Vitae (CV), Gesundheit!

Ja, nee. Curriculum Vitae stammt aus dem Lateinischen und hat sich neben dem Begriff Lebenslauf unter der Abkürzung CV in den gängigen Sprachgebrauch etabliert.

CV wird übrigens dann wieder englisch ausgesprochen, also „sie wie" oder „sea we".

Amüsiere ich mich gerade nur so köstlich? Ist ja gut, dann geht's halt weiter.

Du bringst jetzt also deine tabellarische Schul- bzw. Karriere-Biografie auf ein Word-A4-Blatt.

Wähle doch Arial 12 und mache dir und deinen Lesern nicht das Leben mit Hieroglyphen zur Hölle.

Gerne erinnere ich an dieser Stelle auch nochmal an die „Bewerberscreening-Vier-Sekunden-Regel".

Kannst du also schon auch anders machen, aber dann ist es halt kacke!

Wenn du magst, kannst du auch ein Deckblatt mit deinem Bitchpic gestalten, in meinen Augen ist das allerdings völlig für den Anus, aber feel free.

Herrlich, fallen mir dazu grad Storys ein. So sorry, teilweise nicht jugendfrei und Datenschutz.

Je nach persönlicher Begabung fängst du an wie mit einem normalen Geschäftsbrief, gestaltest daher einen Briefkopf oder tippelst einfach deinen Namen und Adresse als Erstes hin.

Darunter schreibst du die Firmierung, ggf. den Ansprechpartner und die Company-Adresse.

Sonst mache es zur Not unter dem Teamaspekt:

T - toll

E - ein

A - anderer

M- macht´s

und lade dir halt eine Vorlage im Netz runter.

Nach der Überschrift hangelst du dich dann weiter durch.

Wenn deine kompletten Bewerbungsunterlagen in einer PDF-Datei zusammengefasst sind, finde ich das für den ersten Eindruck zumindest immer ganz nice. Bedenke bitte auch, dass nicht jeder die gleiche Word-Version benutzt, hier sieht deine mühevolle Arbeit, wenn du deine Unterlagen als Word schicken solltest, gegebenenfalls aus wie hingeschissen, da es die komplette Formatierung verhauen kann!

Von daher nimm doch den Tipp mit und füge Anschreiben, Lebenslauf und Zeugnisse usw. in einer PDF-Datei zusammen.

#Anschreiben

Festgeschriebene Gesetze gibt es dazu keine, aber auch hier bestätigen Ausnahmen die Regeln.

Der klassische Aufbau eines Anschreibens beinhaltet die Adressdaten, Datum und die Überschrift deiner Stellenbewerbung.

Eine Einstiegsformulierung ist manchmal gar nicht so easy, aber auch keine Doktorarbeit.

Schreibe doch nach der Anrede, wie du auf das Unternehmen bzw. die Stellenausschreibung aufmerksam geworden bist und warum diese oder das Unternehmen dich besonders angesprochen haben.

Hiernach steigst du ein und stellst dar, warum dein Interesse, deine Motivation und deine Eignung zu der Stellenbeschreibung passen und wieso man auf dich nicht verzichten sollte.

Eigenlob stinkt?!

Im Anschreiben gilt es dich neben deinem Lebenslauf zu präsentieren und für die Company interessant zu machen.

Daher darf es hier gerne nach einem frischgedünkten Feld voller Persönlichkeit, Erfahrungen und Fähigkeiten duften, die im Einfluss zu der zu besetzenden Stelle stehen.

Vermeide in deinem Fließtext bitte Doppelungen zu dem Lebenslauf. Doppelt hält besser? Nicht in der Gegenüberstellung CV vs. Anschreiben, nenne hier lieber Dinge, die in Bezug zu den Tätigkeiten stehen, und führe dazu deine Soft Skills auf.

… Zuverlässigkeit, Teamfähigkeit, Pünktlichkeit, Lernbereitschaft usw., ist klar, oder? Gib hierzu vielleicht das ein oder andere Beispiel und mache dich gedanklich darauf gefasst, hierzu im Vorstellungsgespräch hinterfragt zu werden.

Also ein klein wenig Obacht bei zu viel selbstverherrlichender Prahlerei. Ich persönlich fühle gerade jungen Menschen dazu gerne auf den Zahn.

Die selbsternannten „High Potentials" sind meine bevorzugte Opferschar. Da habe ich fast ein wenig Freude daran, die Überflieger wieder mehr oder weniger hart zurück auf den Boden der Tatsachen zu holen.

Lüge bloß nicht, wenn du was nicht kannst oder weißt und darauf angesprochen wirst. Sei ehrlich. Zeige ggf. auf, was du bereits getan hast, um darin besser zu werden.

Du musst noch nicht alles können bzw. wissen, aber Interesse und Bereitschaft zeigen, vorhandene Kenntnisse und Fähigkeiten vertiefen und Neues erlernen zu wollen. Letzteres könnte man auch in einem Anschreiben formulieren.

Am Ende gibst du deine Verfügbarkeit an und verabschiedest dich mit einem netten Satz, der ein Vorstellungsgespräch in den Fokus rückt.

Gehaltsvorstellungen brauchst du bei einer Bewerbung um einen Ausbildungsplatz normalerweise nicht anzugeben, falls dies trotzdem erwünscht sein sollte, checke die üblichen Durchschnittswerte des Ausbildungsberufes.

Unterschreiben nicht vergessen und nachdem du deinen Text nochmal auf Rechtschreib- und Grammatikfehler überprüft hast, bist du fertig.

← 70 Mustervorlagen & weitere Tipps

#PDF (Portable Document Format)

Das PDF ist ein geschütztes Dokument, dieses kann von anderen kommentiert, aber dein Inhalt nicht umgeschrieben werden.

Es gibt verschiedene PDF-Creators und wahrscheinlich hast du sogar schon einen vorinstallierten auf deinem Notebook. Falls nicht, findest du in der QR-Code-Verlinkung einen kostenlosen Download mit Anleitung.

Den PDF-Creator kannst du unter der Druckfunktion ganz einfach auswählen und zum Beispiel deine Word-Datei in ein sicheres PDF-Dokument umwandeln.

#Buddy-Programm

Ein Buddy-Programm unterstützt dich in deinen ersten Tagen bzw. Wochen bei der Integration in die neue Company.

Es kann aus einem oder mehreren Mitarbeitern bestehen, die dich während deines Onboarding-Prozesses begleiten.

Hier geht es beispielsweise um das Kennenlernen der neuen Kollegen und Vorgesetzten, das Einrichten deines Arbeitsplatzes, die Führung durch die Company-Fläche usw.

Sie sind Helfer, beantworten deine Fragen und geben dir Tipps.

Oft passiert dies auch einfach so und die Einführung in die Company ist nicht mit einem offiziellen Buddy-Programm betitelt.

Am Ende ist alles besser, als dich einsam mit einer dicken Einführungsmappe erstmal irgendwohin abzuschieben oder sofort loszumalochen.

Falls dies tatsächlich mit dir passieren sollte, mach dir deswegen nicht ins Hemd. Dies liegt dann nicht persönlich an dir, sondern einfach daran, dass die Company es noch nicht gecheckt hat, wie man es besser macht.

#Landingpage

Eine Landingpage ist die Internetseite eines Unternehmens, auf der du als Erstes landest, wenn du über einen Link, z.B. über eine Werbeaktion, auf ein Stellenangebot aufmerksam geworden bist und dieses anklickst. Von der Landingpage aus kannst du über weitere Links zu allen weiteren Informationen des Unternehmens gelangen.

Die Landingpage ist eine zielgruppendefinierte und optimierte Seite, die speziell auf das jeweilige Angebot zugeschnitten ist.

Diese Werbe-Verlinkungen wirst du von Social-Media-Plattformen höchstwahrscheinlich bereits kennen.

#Traffic

Traffic beschreibt im Ursprung die Menge von Besucherströmen auf Webseiten.

Ich habe dir in meinem Beispiel den resultierenden Rückfluss von möglichen Vorstellungsgesprächseinladungen in Gegenüberstellung zu deiner Bewerbungsstreuung aufgezeigt.

Ist zwar nicht ganz der Website-Fachjargon, aber dein Brain-Traffic dazu muss ja nicht schlecht sein.

Es geht im Wesentlichen also um messbare Reaktionen.

Umso mehr Bewerbungen du rumschickst, desto mehr Traffic bekommt dann wohl auch dein E-Mail-Postfach.

Der Traffic kann positiv wie negativ ausfallen, aber wenn du meine Hilfestellungen angenommen und umgesetzt hast, werden deine Bemühungen wohl hoffentlich bald belohnt werden.

Fällt der Traffic negativ aus, gilt es, die Ursache hierfür zu erforschen und Gegenmaßnahmen einzuleiten.

Hast du ggf. zu wenig Werbung oder Vertrieb für dich selbst gemacht oder ist vielleicht doch noch Luft nach oben, um die Qualität und den Inhalt deiner Unterlagen zu steigern?

PRÄSI-PRÜFUNG!

1. Was benötigst du für deine Bewerbung auf jeden Fall?
2. Wo greift Syndi den lauchigen Jungs unter die Arme?
3. In welchem Gesetz findest du u.a. (u18) deine Rechte und Pflichten?
4. Was hatte ich bei meinem ersten Vorstellungsgespräch an?
5. Welches Spiel hilft dir bei der Entscheidungsfindung?
6. Hasan macht eine Ausbildung zur ...?
7. Meinen persönlichen „Wake of Fame" mache ich durch den?
8. Schüler wissen, wer der ... ist!
9. Wo spitzt du deinen Stift & Ohren? (Abk.)
10. Wofür steht die Abkürzung HWK?
11. Work hard, ... hard!
12. Hurra, Hurra die ... brennt.
13. Ein AGG-Verstoß liegt bei einer ... vor?

(Offizieller Präsi wird natürlich nur derjenige, der die 3 Beförderungsstufen über Bronze und Vize eingehalten hat)!

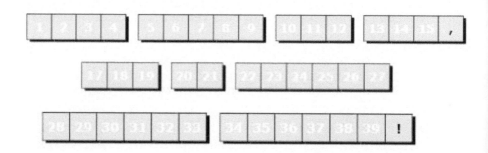

BABO – DEUTSCH

Aggro	=	Aggressiv, Ärger, Streit
Almans	=	Deutsche
Alpha-Brain	=	Ableitung von Alpha-Kevin – der dümmste von allen
AmK	=	Amina Koyim "ich steck es dir rein", "ich f*** dich" oder Mist, Scheiße
Babo	=	Boss, Anführer oder Chef
Blechpickel	=	Piercing-Stecker im Gesicht, vor allem im Mund- Nasenbereich
Bossing	=	Ableitung von Mobbing, wenn der Chef mobbt
Brainbrücke	=	Ableitung der Eselsbrücke
Braincumshot	=	Ableitung von Cumshot, Pornosprache – Gesichtsbesamung
Bro	=	Im Sinne von Brother, guter Freund
Brudi	=	Bruder ohne Verwandtschaft, Verwendung zur Beschwichtigung & kl. Bruder
Bukkake	=	Pornosprache: Gesicht- und Körpergruppenbesamung einer Person

Cameltoe	=	W. Verformung von sehr engen Damenhosen im Schritt
Chabos	=	Alle Ausländer, Brüder, Jungs, Figuren auf dem Schachbrett
Chillen	=	Entspannen, abhängen, ausruhen
Cojones	=	Eier, Hoden
Crasher	=	Kommt von Party Crasher, uneingeladener Gast
Cringe	=	Fremdschämen, mehr als peinlich
Daherrülpsen	=	Extrem dummes Zeug reden
Dämlack	=	Ungeschickte oder dumme Person, Dummkopf
Dickpic	=	Penis- bzw. Schwanzbild
Digga	=	Freund, Kumpel
Dirty Sanchez	=	Nach dem Analverkehr Mischung aus Sperma/Kot unter die Nase schmieren
Dissen	=	Jemanden schlechtmachen, schräg anmachen, respektlos behandeln
Duracellte	=	Batterieartige energetische Fortbewegung, mit Langzeitdauer

Ehrenmann	=	Auf dessen Wort ist Verlass, kann sich benehmen, ist ehrgeizig & ehrenwert
Fermentieren	=	Kontrolliertes gammeln, chillen, ausruhen
Gammelfleischparty	=	Ü 30 Party
Gepimpt	=	Aufgemotzt, getunt, hergerichtet
Getreidekauer	=	Veganer/Vegetarier
Habibi	=	Kumpel, Freund
Harakets	=	Bewegung/Faxen
Hartzer	=	Jemand, der schon länger arbeitslos ist bzw. von Sozialhilfe lebt
Heckmeck	=	Stress/Faxen/Ärger
Homies	=	Kumpels bzw. eine Gruppe von Freunden
Hummeltitten	=	Gänsehaut
Hustlen	=	Starke Anstrengungen, um Geld zu verdienen
Ich küss dein Auge	=	Ausdruck der Dankbarkeit.
Inschallah	=	Wenn Allah will, so Gott will
Looten	=	Einkaufen gehen, plündern
Merkeln	=	Nichts tun, keine Entscheidung treffen
Mindset	=	Einstellung, Denkweise, Haltung, Mentalität oder Weltanschauung

Mugge	=	Musikalisches Gelegenheitsgeschäft
Niveaulimbo	=	Schlagwort für absinkendes Niveau
No front	=	Kein Angriff gegen dich persönlich
Opfer	=	Abwertende und verächtliche Haltung, z.B. dumm, uncool oder langweilig
Övi´s	=	Öffentliche Verkehrsmittel
Pelzlümmel	=	Langhaariger Mann
Pisaopfer	=	Jemand mit schlechter Allgemeinbildung
Sauftrag	=	Geplantes Saufen, Besäufnis
Schatzlos	=	Person ohne Partner/feste Beziehung
Schnuff	=	Schnuffeln, schnüffeln oder koksen
Swag	=	Charismatische Ausstrahlung
Tight	=	Großartig, cool
Tinderella	=	Weibliche Person, die exzessiv Dating-Plattformen, wie z.B. Tinder, nutzt
Tokat	=	Backpfeife, Ohrfeige
Umme	=	Kostenlos, umsonst
Wallah	=	Schwurformel: Bei Gott
Swipen	=	Bilder von rechts oder links zur Seite wischen

FINAL PAGE

Brudi, Schwesti oder Diversi!

Jetzt ist wohl der Moment gekommen, an dem ich dir auf der einen Seite viel Erfolg auf all deinen Wegen wünsche und auf der anderen Seite mich sehr freuen würde, wenn dir meine Hilfestellungen und Ratschläge gefallen und dich weitergebracht haben.

Abschied ist immer scheiße, von daher mach ich´s kurz. Gib auf dich acht, glaube an dich, egal was kommt & move your ass!

Over and out! Dein Alman.

23 – Bushido & Sido ft. Peter Maffay – Erwachsen sein
(Bushido Channel, veröffentlicht am 10.11.2011 – abgerufen am 24.11.2020)
https://www.youtube.com/watch?v=4j3AOJV1J8I&list=PL4C0EB7CC59B36BC2&index=4

K.I.Z. – Hurra die Welt geht unter ft. Henning May (Official Video)
(K.I.Z veröffentlicht am 03.07.2015 – abgerufen am 24.11.2020)
https://www.youtube.com/watch?v=XTPGpBBwt1w

LIKE & FOLLOW – IF YOU LIKE!

www.fabian-oesselmann.de
Fabian Oeßelmann / fab_ianoe:

INTERNET-QUELLENANGABE

https://www.arbeitsagentur.de/datei/dok_ba013186.pdf
(Abgerufen am 29.11.2020)

https://de.wikipedia.org/wiki/Fachkräftemangel -
(Abgerufen am 29.11.2020)

https://www.arbeitsagentur.de/presse/ausbildungsmarktbilanz-2019
(Abgerufen am 23.11.2020)

https://www.bundesregierung.de/breg-de/service/newsletter-und-abos/newsletter-verbraucherschutz/ausbildungsjahr-2019-1656824
(Abgerufen am 23.11.2020)

https://de.statista.com/statistik/daten/studie/221562/umfrage/schulabgaenger-ohne-hauptschulabschluss-in-deutschland-zeitreihe/
(Abgerufen am 23.11.2020)

https://www.personalwissen.de/war-for-talents-fachkraeftemangel-deutschland/
(Abgerufen am 29.11.2020)

https://www.arbeitsagentur.de/bildung/ausbildung/ausbildung-vorbereiten-unterstuetzen
(Abgerufen am 29.11.2020)

https://www.arbeitsagentur.de/bildung/ausbildung/berufsvorbereitende-bildungsmassnahme
(Abgerufen am 29.11.2020)

https://unternehmer.de/lexikon/online-marketing-lexikon/traffic
(Abgerufen am 29.11.2020)

https://de.wikipedia.org/wiki/Einstiegsqualifizierung
(Abgerufen am 29.11.2020)

https://de.wikipedia.org/wiki/Schulpflicht
(Abgerufen am 29.11.2020)

https://www.ergo.de/de/rechtsportal/schule-und-unterricht/schulpflicht/wie-lange
(Abgerufen am 29.11.2020)

https://karrierebibel.de/business-casual/
(Abgerufen am 29.11.2020)

https://karrierebibel.de/vorstellungsgesprach/
(Abgerufen am 29.11.2020)

https://karrierebibel.de/mittlere-reife/
(Abgerufen am 29.11.2020)

https://www.fernstudi.net/magazin/13184
(Abgerufen am 29.11.2020)

https://ihkbiz.de/ihk-aufstiegsfortbildungen.html
(Abgerufen am 29.11.2020)

https://de.wikipedia.org/wiki/Aufstiegsfortbildung
(Abgerufen am 29.11.2020)

https://www.aufstiegs-bafoeg.de/
(Abgerufen am 29.11.2020)

https://www.aufstiegs-bafoeg.de/de/karliczek-novelle-des-aufstiegs-bafoeg-staerkt-berufliche-bildung-als-karriereweg-1980.html
(Abgerufen am 29.11.2020)

https://de.wikipedia.org/wiki/Allgemeines_Gleichbehandlungsgesetz
(Abgerufen am 29.11.2020)

https://www.experto.de/businesstipps/bei-verstoessen-gegen-das-agg-wird-entschaedigung-faellig.html
(Abgerufen am 29.11.2020)

https://fachanwalt-arbeitsrecht.de/wann-darf-der-arbeitnehmer-seine-arbeitsleistung-verweigern/
(Abgerufen am 29.11.2020)

https://de.wikipedia.org/wiki/Gap-Analyse
(Abgerufen am 29.11.2020)

https://de.wikipedia.org/wiki/High_Potential
(Abgerufen am 29.11.2020)

https://de.wikipedia.org/wiki/Facharbeiter
(Abgerufen am 29.11.2020)

https://de.wikipedia.org/wiki/Demografischer_Wandel
(Abgerufen am 29.11.2020)

https://de.wikipedia.org/wiki/Globalisierung
(Abgerufen am 29.11.2020)

https://de.wikipedia.org/wiki/Duale_Ausbildung
(Abgerufen am 29.11.2020)

https://de.wikipedia.org/wiki/Outsourcing
(Abgerufen am 29.11.2020)

https://www.azubiyo.de/azubi-wissen/ausbildungsvertrag/
(Abgerufen am 29.11.2020)

https://praxistipps.chip.de/was-ist-intersexuell-einfach-erklaert_100218
(Abgerufen am 29.11.2020)

https://www.arbeitsagentur.de/bildung/berufsberatung
(Abgerufen am 29.11.2020)

https://www.arbeitsagentur.de/bildung/berufsinformationszentrum-biz
(Abgerufen am 29.11.2020)

https://www.arbeitsagentur.de/bildung/schule/berufsorientierung-im-unterricht-mit-erkundungstool-check-u
(Abgerufen am 29.11.2020)

https://www.arbeitsagentur.de/bildung/ausbildung/azubiwelt
(Abgerufen am 29.11.2020)

https://www.handwerkskammer.de/artikel/ausbildung-5620,2,5.html
(Abgerufen am 29.11.2020)

https://www.ihk.de/
(Abgerufen am 29.11.2020)

https://de.wikipedia.org/wiki/Industrie-_und_Handelskammer
(Abgerufen am 29.11.2020)

https://karrierebibel.de/jobboersen-uebersicht/
(Abgerufen am 29.11.2020)

https://www.lexware.de/artikel/welche-anmeldungen-sind-bei-der-einstellung-eines-mitarbeiters-erforderlich/
(Abgerufen am 29.11.2020)

https://www.kununu.com/
(Abgerufen am 19.01.2021)

https://de.wikipedia.org/wiki/Grad_der_Behinderung
(Abgerufen am 29.11.2020)

https://de.wikipedia.org/wiki/Jugendarbeitsschutzgesetz
(Abgerufen am 29.11.2020)

https://www.arbeitsvertrag.org/jugendarbeitsschutzgesetz/
(Abgerufen am 29.11.2020)

https://www.azubiyo.de/azubi-wissen/azubi-rechte/
(Abgerufen am 29.11.2020)

https://www.bundesgesundheitsministerium.de/ministerium/meldungen/2020/neuer-pflegemindestlohn.html
(Abgerufen am 29.11.2020)

https://fachkraftmangel.io/artikel/der-wandel-vom-arbeitgebermarkt-zum-arbeitnehmermarkt/
(Abgerufen am 29.11.2020)

https://www.brennecke-rechtsanwaelte.de/Sonderleistungen-im-Arbeitsrecht-ein-Ueberblick_77687
(Abgerufen am 29.11.2020)

https://www.stepstone.at/Karriere-Bewerbungstipps/benefits-mitarbeiter/
(Abgerufen am 29.11.2020)

https://www.stepstone.at/Karriere-Bewerbungstipps/work-life-balance/
(Abgerufen am 29.11.2020)

https://de.wikipedia.org/wiki/Work-Life-Balance
(Abgerufen am 29.11.2020)

https://karrierebibel.de/ausbildung-probezeit/
(Abgerufen am 29.11.2020)

https://de.wikipedia.org/wiki/Probezeit
(Abgerufen am 29.11.2020)

https://www.monster.de/mitarbeiter-finden/recruiting-tipps/personalmanagement/organisation-controlling/performance-management-69857/
(Abgerufen am 29.11.2020)

https://de.wikipedia.org/wiki/Innovation
(Abgerufen am 29.11.2020)

https://www.saarbruecker-zeitung.de/saarland/saarbruecken/vier-jahre-haft-fuer-ex-seelsorger-aus-mettlach_aid-54461347
(Abgerufen am 29.11.2020)

https://de.wikipedia.org/wiki/Tracking
(Abgerufen am 29.11.2020)

https://www.swissconsult.org/news/high-und-low-performer-der-unterschied-ist-eklatant/
(Abgerufen am 29.11.2020)

https://de.wikipedia.org/wiki/Personalentwicklung
(Abgerufen am 29.11.2020)

https://zielevereinbaren.de/weiche-ziele-definieren-und-in-der-zielvereinbarung-formulieren/
(Abgerufen am 29.11.2020)

https://de.wikipedia.org/wiki/Zielvereinbarung
(Abgerufen am 29.11.2020)

https://de.wikipedia.org/wiki/Key_Performance_Indicator
(Abgerufen am 29.11.2020)

https://www.brutto-netto-rechner.info/
(Abgerufen am 29.11.2020)

https://www.nettolohn.de/lexikon/bruttogehalt.html
(Abgerufen am 29.11.2020)

https://www.azubiyo.de/azubi-wissen/steuern/
(Abgerufen am 29.11.2020)

https://www.arbeitsagentur.de/bildung/ausbildung/berufsausbildungsbeihilfe-bab
(Abgerufen am 29.11.2020)

https://de.wikipedia.org/wiki/End-to-end
(Abgerufen am 29.11.2020)

https://de.wiktionary.org/wiki/Prozesse
(Abgerufen am 29.11.2020)

https://selbststaendigkeit.de/news/grundertipps/homeoffice-buero-diese-vor-nachteile-sollte-man-bedenken
(Abgerufen am 29.11.2020)

https://de.wikipedia.org/wiki/Initiativbewerbung
(Abgerufen am 29.11.2020)

https://de.wikipedia.org/wiki/Ausbildungsrahmenplan
(Abgerufen am 29.11.2020)

https://de.wikipedia.org/wiki/Datenschutz
(Abgerufen am 29.11.2020)

http://www.kinderrecht-ratgeber.de/kinderrecht/strafrecht/fuehrungszeugnis.html
(Abgerufen am 29.11.2020)

https://de.wikipedia.org/wiki/Projekt
(Abgerufen am 29.11.2020)

https://de.wikipedia.org/wiki/Alleinstellungsmerkmal
(Abgerufen am 29.11.2020)

https://www.gehaltsvergleich.com/ausbildung-ausbildungsberufe
(Abgerufen am 29.11.2020)

https://www.praktikumsanzeigen.de/praktikums-faq/der-gesetzliche-unterschied-freiwilliges-vs-pflichtpraktikum.html
(Abgerufen am 29.11.2020)

https://www.bgrci.de/rehabilitation-leistungen/versicherungsschutz/praktika/
(Abgerufen am 29.11.2020)

https://www.haufe.de/finance/haufe-finance-office-premium/praktikum-freiwilliges-4-mindestlohn-im-praktikum_idesk_PI20354_HI8017439.html
(Abgerufen am 29.11.2020)

https://de.wikipedia.org/wiki/Arbeitnehmervertretung
(Abgerufen am 29.11.2020)

https://de.wikipedia.org/wiki/Lebenslauf_(Bewerbung)
(Abgerufen am 29.11.2020)

https://karrierebibel.de/anschreiben/
(Abgerufen am 29.11.2020)

https://www.chip.de/downloads/PDF24-Creator_43805654.html
(Abgerufen am 29.11.2020)

https://medienwoche.ch/2017/03/14/onboarding-best-practices-fuer-den-ersten-tag-im-neuen-job/
(Abgerufen am 29.11.2020)

https://de.wikipedia.org/wiki/Landingpage
(Abgerufen am 29.11.2020)

https://auswaerts-zuhause.de/
(Abgerufen am 29.11.2020)

BILDERVERZEICHNIS

Memes, Comics & Cartoons by Harald Meyer
https://harryderzeichner.de/
(Abgerufen am 11.01.2021)

Cover & Klappentext - Design by Nancy Riedel
https://nancy-riedel.de/
(Abgerufen am 11.01.2021)

Rätselerstellung (Präsi-Prüfung)
https://www.xwords-generator.de/
 (Abgerufen am 05.12.2020)

Abbildungsgrundlage & Berechnung – Brutto vs. Netto
https://www.brutto-netto-rechner.info/
(Abgerufen am 23.11.2020)

https://www.danielweisser.com/
(Abgerufen am 04.03.2021)

#-ALPHABET (VERZEICHNIS ZUR SCHNELLSUCHE)

#Allgemeines Gleichbehandlungsgesetz (AGG) 78

#Anschreiben 159

#Arbeitnehmermarkt 108

#Aufstiegsfortbildung 73

#Ausbildungsrahmenplan 145

#Ausbildungsvertrag 90

#AzubiWelt 97

#Benefits 114

#Berufsausbildungsbeihilfe (BAB) 136

#Berufsberater 94

#Berufsvorbereitende Bildungsmaßnahme (BVB) vs. 65

#Berufsvorbereitungsjahr (BVJ) 65

#Betriebsrat 155

#BIZ (Berufsinformationszentrum) 96

#Brutto vs. Netto 130

#Buddy-Programm 161

#Businesslook 68

#Cash – wie viel Fuffies für den Club? 56

#Check-U 97

#Datenschutz 146

#Demographischer Wandel 84

#Duale Ausbildung 87

#End-to-End 137
#Fachkräfte 83
#Fachkräftemangel 58
#GAP (Der Personaler im Zahnarztkittel) 81
#Gdb (Grad der Behinderung) 103
#Gehaltsvergleich 153
#Globalisierung 86
#High Performer / #Low Performer 122
#High Potentials 82
#Home-Office 141
#HWK (Handwerkskammer) 99
#IHK (Industrie- und Handelskammer) 98
#Initiativbewerbung 144
#Innovativ 118
#Interviewphasen 70
#Jobportale 100
#Jugendarbeitsschutzgesetz 104
#KPI (Key-Performance-Indicator) 129
#Kununu 102
#Landingpage 162
#Lebenslauf 157
#Meister-Bafög 76
#Mittlere Reife 72
#(m/w/d) 93

#Onboarding 101

#Outsourcing 88

#PDF (Portable Document Format) 161

#Performance 117

#Personalentwicklung 124

#Probezeit 116

#Projekt 150

#Prozess 138

#Rechte und Pflichten während der Berufsausbildung 91

#Schul- und freiwillige Praktika 154

#Schulpflicht 67

#Sonderleistung 111

#Tracken 120

#Traffic 163

#USP (Unique Selling Proposition) 152

#Vorstrafe 148

#War for Talents 62

#Work-Life-Balance 115

#Ziele 126